JN236318

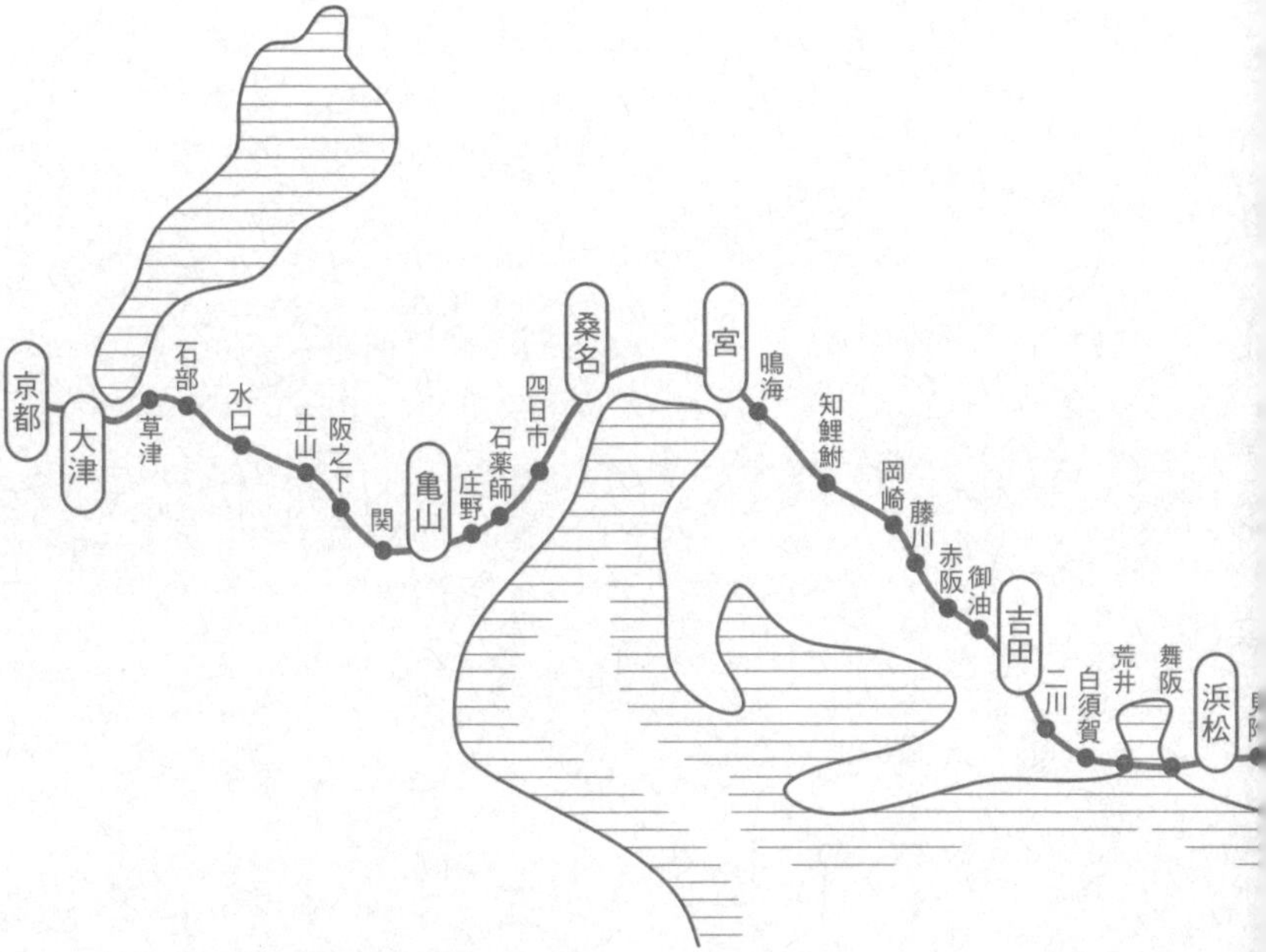
京都
大津
草津
石部
水口
土山
阪之下
関
亀山
庄野
石薬師
四日市
桑名
宮
鳴海
知鯉鮒
岡崎
藤川
赤阪
御油
吉田
二川
白須賀
荒井
舞阪
浜松

太田
喜多八

村松
弥次郎兵衛

鳥追い
マチコ

東海道 居酒屋膝栗毛

太田和彦

画＝村松誠

小学館

目次

東海道居酒屋膝栗毛

装丁——太田和彦
装画——村松　誠

東海道居酒屋膝栗毛

よはなさけたびのいざかや

東海道
居酒屋膝栗毛

その一 品川宿之巻

旅は道づれ　夜《よ》はお酒
弥次喜多コンビの　鹿島立ち

お江戸日本橋七ツ立ち——。

七ツは現代の午前四時頃。弥次郎兵衛・喜多八ならぬ、平成の安藤広重・十返舎一九は午前十一時、品川に待ちあわせた。後ろには版元の阿部屋剛三郎に、その女助手マチコもいる。

二〇〇一年は、徳川家康が慶長六年（一六〇一）に東海道を制定して四〇〇年に当たる。その節目に便乗して平成の東海道を飲み歩き、一巻の絵入黄表紙にまとめ、一儲けしようと版元はたくらんだのだ。

——名付けて『東海道居酒屋膝栗毛』

「いい天気だねえ」

「ほーんと、ビールが欲しいわね」

弥次喜多よりも版元の方が元気だ。マチコはこれから鳥追女（原稿取り追いとか）となって弥次喜多についてゆく。道中無事を祈り、品川まで阿部屋が見送りに来た。いま立っているのは品川八ツ山橋。橋下は東海道線、横須賀線、京浜東北線、山手線、新幹線が猛スピードで走り抜け、

品川

後ろは国道が京都に向かう。国道制定一号は東海道だ。

「では阿部屋さん、行って来ます」

「いやいや、まだ送りますよ」

そんなに丁寧に見送ってくれなくてもよいが。

橋を渡り、京浜急行の踏切りを越えると東海道五十三宿最初の品川宿だ。往時は江戸湾の海岸線に沿う街道両脇に茶屋、遊廓をふくむ旅籠百軒が並び、多い時は千五百人もの飯盛女がいたが、飯盛りとは名ばかりで、北の吉原と並ぶ岡場所として半ば公認の遊女であった。明け七ツに日本橋を発てば楽に次の川崎まで歩けるが、まだ道中路銀は手つかず。見送り連中と早速座敷に上がり、しばし別れの宴を張ったという。

「さーて昼飯、昼飯、精つけるには鰻ですな」

阿部屋がぐるぐると腕を回す。見送りが精つけてどうするんだ。鰻ならここだと指さしたのは落語『居残り佐平次』に登場する「荒井屋」だ。遊び人の佐平次は品川遊廓で仲間と派手にどんちゃんやった翌朝一人残り、勘定に来た若いのを「荒井屋の中串白焼きで鰻茶漬けでもやって……」と煙に巻き、最後に銭はないと居直り、布団部屋に下って八面六臂に働きはじめる。

四つ角の荒井屋は、見事に緑青《ろくしょう》の吹いた看板建築で、品川沖の浮世絵を描いたシャッターに貼紙がある。

「〝当分のあいだ休みます〟、ありゃー」

阿部屋が声を上げた。幸先悪いぞ。

仕方なく海の方に歩いて行くと、大正十四年九月竣工とある古い石橋・北品川橋の先に、舟清、平井、中金、三河屋などの船宿看板が見え、釣り船や屋形船がゆらゆらともやう船溜まりになった。すぐ向こうは天を突く巨大高層ビルが林立し、全く対照的な光景だ。新幹線も止まるようになった品川は、今高層ビルラッシュで劇的に変貌している真っ最中だ。

戻った旧東海道商店街に「問答河岸由来記」なる説明がある。三代将軍家光は、沢庵和尚が品川に開いた東海寺を訪ね、沢庵に問うた。「海近くして東（遠）海寺」（とはこれ如何に）。沢庵答えていわく「大軍を指揮して将（小）軍」（と言うが如し）。

「昼近くして鰻なし」

「腹へりて沢庵でもよし」

「なに言ってんのよー」

「あー腹へった」

四人言うことがばらばらだ。とぼとぼ歩き、横丁を見ると「船宿天ぷら・三浦屋」なる看板がある。ひなびた構えながら〝品川宿で、揚げたてのおいしい江戸前天ぷらをどうぞ〟の引き文がいい。ここだここだ。

「ビール！」

「ビール！」

品川

一人言えばいいんだ。「はいはい」勢いに気圧されたように、太ったおかみさんがガチャガチャとビールを運んできた。

「カンパーイ、ングングング……」

「ひゃー、うめい」

阿部屋が拳で口を拭う。つまみに取ったあさり煮付はあっさり醤油味でやわらかくおいしい。舟天井に机一つと畳二枚の小上がりだけの小さな店だが、よく油のしみた古い店内は江戸前天ぷらの心意気を伝えるようだ。奥の揚げ場には、巨体のかみさんと対照的に痩身の主人が腕を組みじっと注文を待っている。

品書きには〈天丼並、上、特上、極上〉とある。よおし天丼だ。

「おいら、極上！」

胸を張って注文した。京までの路銀はまだたっぷりある。ケチケチすんねえ、江戸っ子だってね。威張ったが極上でも千三百円だ。今日び、日本橋あたりの天ぷら屋なら上天丼三千円はする。

「極上の中身は？」

「あなご、きす、えび二本。一本をめごちにもできます」

「それそれ、それにしてくんな」

「……特上（千百円）は？」弥次が訊いた。

「いか、めごち、えび二本です」

「上（九百円）は？」

「えび三本」

「並（七百円）は？」

「カボチャと小さいえび三本」

詳しく訊く奴だ。

「おいら、かきあげ丼」

だったら訊くな！　注文がまとまり、おかみが読み上げ、大将は仕事にかかった。

「へい、おまちどう」おいらの極上がまず届いた。小ぶりの金襴手丼に、魚天ぷらが尾を高々とはね上げるように盛られ、シシトウの緑が映える。高温の油がいい匂いだ。

カリムチッ。堅く揚がった薄い衣を破り、えびが半生でむっちりと応える。

「う、うまい！」

皆ごくりと喉を鳴らし、やがて全員のがそろった。

「このおいしんこ、じゃない、おしんこおいしい！」

おしんこにうるさいマチコは、感動のあまり言い間違えた。

「でしょう。主人の母の代から、もう九十年の糠床《ぬか》ですからね」

わあわあうるさく食べる我々に大将もおかみも満足げだ。天種はすべて生で冷凍は一切なし。その種を生かすよう薄めの衣でカラッと揚げる。昔、舟の上で揚げていたのと同じやり方だそうだ。

「天ぷらは、風の吹く海で食べるのが一番うまいんですよ」

さすが江戸前だ。かつて湾内にはこんな天ぷら舟がたくさん出ていたのだろう。人の好い夫婦と話し込み、すっかりくつろいだ。

「うーん、品川いいねえ」

楊枝をくわえた阿部屋が店を出てつぶやいた。

北品川から鮫津に続く、長さおよそ一・五キロの品川宿は今は軒を並べた北品川商店街だ。八百屋、魚屋、洋品店、せんべい屋。木造二階手すりに屋号丸屋の切り文字がある履物屋の、奥の帳場に主人が座る。店の風情にひかれて入った弥次は畳表の草履を買い、素足に履き替え、靴は紙袋に入れた。

「あー気持ちいい、やっぱこれだよ」

ほんとに良さそうだ。

「靴は捨てないのかい」

「いや、まだ履ける」

そうだな。その先の塗料店は煉瓦積みの堂々たる看板建築だ。戦災をまぬがれた品川は戦前の古い建物がよく残り、それも銀行などの大建築ではなく庶民の商店であるところがいい。

「わはは」阿部屋が笑って指さした小公園に〈日本橋より二里〉とある。

「まだ二里だよ」

「ちょっとウチ帰《けえ》ってくらあ」

このあたりは今はマンションだが、佐平次の居残った遊廓・島崎楼や、高杉晋作、伊藤博文ら幕末志士が密議した妓楼・土蔵相模のあったところだ。

立派な構えは品川屋海苔店だ。品川名物は昔から湾内の海苔。今も老舗の一流寿司店は品川産にこだわるという。海苔巻あられの品川巻も品川でうまれた。

「品川海苔に品川巻か」

「品川練炭、品川あんか、ってのもあるな」

品川駅ホーム立ち食いそば屋の品川丼は、いかげそのかき揚げをつゆにくぐらせてご飯にのせたものだ。蕎麦専門店七軒からなる〈品川蕎麦の会〉は品川の名物そばを作ろうと、しゃこの天ぷらをのせた「品川そば」を考案し、売り出し中だ。しゃこはこの先、神奈川小柴が特産だ。

「品川心中を忘れてもらっては困る」

品川

落語に詳しい弥次が言う。落語『品川心中』は、借金の減らないまま、いささかトウの立った遊女が、いっそ心中でもしてやれとのろまな金蔵を誘い、自分だけ都合よく助かるという一席だ。

この品川心中と居残り佐平次を合わせて映画にしたのが、川島雄三監督一代の傑作『幕末太陽傳』だ。幕末の品川を舞台に、権力に屈せず、己の才覚一つで痛快に世渡りしてゆく主人公佐平次を演じたフランキー堺の快演はもちろん、金蔵役小沢昭一のウレしそうな珍演が忘れられない。おだてられ、冬の冷たい海に身投げしたが浅く、立上がってウエーンと泣くが、無意識につかんだ猫の死骸に気づき、ウヒャーと投げ捨てるところなど腹をかかえたものだ。

「あの場面はよかった」

見送り前にビデオで見てきたという阿部屋がごちる。

「阿部屋さんは佐平次かい、金蔵かい？」

「そりゃ佐平次ですよ」

どうかな。金蔵の商売も本屋だったが。

旧街道を右に折れた新馬場《しんばんば》北口通りは、仏壇、建具、団子、琴三弦などの古い店が並び、京浜急行新馬場駅につながる。

「♪バーンバー、バンバ」

弥次の歌うのはラテンの名曲「ラ・バンバ」のつもりらしい。

通り中ほどの大衆割烹「牧野」の水槽に、配達人が生きた穴子を入れている。くにゃくにゃと抵抗し、なかなか入っていかない。穴子は狭いところに潜り込む性質があるので、海中に塩化ビニールの管を沈めて獲るそうだ。そういうものがないとパニックになり、四角なガラス水槽の角に腹をピタリと垂直に当て、狭いところに入ったつもりになってるのがおかしい。四隅は四尾に占領され、残った穴子君はうらめしそうに隣で垂直化している。

「これは東京湾の穴子ですか」

「そうです」

往時より品川宿の名物は隣の鮫津の穴子といわれる。弥次は両手を下げ、体を垂直にして腰をくねり「今夜これ食べたい」と言った。

旧街道半ばの品川橋で一服。昔のままの瓦屋根平屋の畳屋の畳の匂いにホッとし、海岸通りは海に下りる当時の石段がまだ残っている。やがて品川宿の出口、鈴ヶ森になった。

いうまでもなく鈴ヶ森はかつて刑場のあったところだ。竹矢来をめぐらす広い場所を想像していたが、実際は街道のすぐ脇が磔台《はりつけ》、火炙《ひあぶり》台の礎石で、旅人への見せしめなのだろう。幕府転覆をたくらんだ丸橋忠弥や天一坊、白井権八、八百屋お七、白子屋駒子らが、ここで火あぶりや磔になったのだ。狭い場所のあちこちに大盛の清め塩が置かれ、松やいろんな木は陰気に葉を繁らせ、首洗いの井戸は金網で蓋されて、生臭い風が漂うようだ。

パシッ。「しつこい蚊ねえ」とマチコが足をたたく。

「鈴ヶ森の蚊はよく血を吸うという」

「やめてよ〜」

供養塔に手を合わせ早々に退散した。

……さあて。ぼちぼち夕方、旅の汗を流してビールだ。

「湯屋《ゆうや》にいかないかい」

お、弥次さん、いいこと言うねえ。品川は東京には少なくなった銭湯の宝庫で、このあたりだけでも天神湯、海水湯、第一浴場、黄金湯がある。銭湯が多いのは漁師町の証拠だ。その一つ吹上湯の暖簾をくぐった。

カラーン。昼間の銭湯に桶の音がひびき、浴槽は透明な湯がジャグジーでこんこんと吹き上げる。炭袋の沈む備長炭湯だ。海辺の灯台のペンキ絵をしばし鑑賞。口の回りを真っ白にして猛烈な勢いで歯を磨くゴマ塩頭の老人の、盛大なうがいの音が広い風呂場にこだまする。

上ってのんびり、団扇パタパタだ。色つや良い番台のおじさんの言うには、開湯明治五年。『幕末太陽傳』に出てくる御殿山イギリス公使館焼き打ちからわずか十年後だ。

「三浦屋の天丼うまかったなあ」

「ああ、あそこは妹んとこですよ」

「えー！」そうなのか。

風呂を出て歩き始めると、なんと向こうから当の三浦屋のおかみさんが、巨体を自転車に乗せてやってくる。

「今、吹上湯の帰り。お兄さんいたよ」

「あら、そうお、夜も来てねー」

もはや気分はご近所だ。

濡れ手拭を手に、商店街通りをぶらぶら歩く。さあてどこで飲もうか。「♪バーンバー、バンバ」弥次がうながす。わかったわかった。

開店早々の「牧野」は白木も清潔に明るい。穴子、穴子と。お、あったあった。「造り」と「炭火焼」がある。造り、つまり刺身は珍しい。

「穴子、造りと炭火焼き、それと生ビール全員！」

本日二度目のビールを、ングングング。

「どえりゃあうみゃあでいかんわ」

弥次の理由なき名古屋弁がなんだかピタリだ。お通しの超美味イカ塩辛は、すぐ二つめを注文した。

「おお」届いた穴子造りに声が上がった。藍色蛸唐草鉢に竹ざるをのせ氷塊を敷き、大葉、大根のケンを添えた、ほんのり薄ピンクの穴子そぎ切りが、ところどころを白銀に光らせて重なり、とても美しい。山葵《わさび》醬油をちょんと付けて口へ。脂は感じるが歯応えはややコリッとして、旨味が濃厚だ。

「何かに似てない？」

「うん、ほら、あれ」

「……平目のエンガワ」

「そう、それ、それ」

箸を振り振りマチコがうなずき、これはうまいと一同感嘆の面持ちだ。

届いた青磁大皿の炭火焼用穴子に目を見張った。活け一本の肉厚背開きは、拭われてはいるが鮮血が残り、驚くべきは、それぞれの短冊切身がまだぴくぴくと動き、呼吸するように泡を吹きだしている。

「まだ生きてる！」

「そうです、心臓のあたりはいつまでも強いです。うちは活けしか使いませんからね」

主人が誇らしげだ。これは昼、ガラス水槽に垂直化したあれだろうか。

「ナムアミダブツ……」

一同手を合わせ早速、赤く熾《おこ》った炭火コンロの網にのせるとくるりと丸くなり、皮側を下にすれば防げるが、肉厚なので縦に置いても立つ。

パクリ。阿部屋がもう口に入れた。早すぎるぞ。あまり焦がしてはいけないが、焼くからには時間をかけ、脂を落としてこそ風味が出る。

パクリ。また食べた。パクリパクリパクリ。おいらがじっくり焼いてるのを阿部屋は無遠慮に箸を出し、やたらひっくり返し、どんどん口に入れてゆく。焼肉じゃないんだぞ。見ていた主人が「ある程度焼いたほうがおいしいですよ」と教えた。ほれみろ。腹の中で目を三角にしたがもうあと数切れしかない。この三切れはオレのだからねと宣言し、箸で押さえていると、やがてふつふつと脂がにじみ出て、香ばしい香りが立ち、穴子白焼きらしい淡い焦げ色がついてきた。じーっと見ていた阿部屋が言った。

「ひとつください」

「……いいよ」

「パクリ。あ、こっちの方がうまいや」

おいらはコンロを引ったくった。

冷えた吟醸酒禮泉が心地よく「おいしいわねえ、穴子」とマチコは満足げだ。「穴子は刺身に限る」弥次はひとりごち、「焼くなら、よく焼く」と阿部屋が小声で言った。

「大鮎塩焼」「空豆茹でたて」「平目活き造り　五千円を土曜特別サービス二千五百円」と大盤振舞いで腹もくちくなってきた。

牧野は戦前からの店という。浅草の豆腐屋に生れた先代は、一念発起、板前めざして料理屋牧野で修業し、この品川にのれん分けで開店した。娘さんは店に酒を卸していた酒屋に旦那様をみつけ二代目主人になってもらい、今板場にいる息子さんが三代目に決まっている。めでたしめでたし。

品川

「題して〝穴子の出世〟」

「煮ても焼いても食える一席」

「おあとがよろしいようで」

牧野を出ると早くも四人は千鳥足。

「いいねえ旅は、オレこのままついていこうかな」

ずいぶん丁寧な見送りだが時間はまだ早い。

夜の品川の町はひっそりとし、男三人女一人のいい大人がぶらぶらと歩くのを見る人もいない。まだ東京とはいえ、静かな夜の町のたたずまいに旅の気分がわいてくる。横丁に折れると「ＨＯＪＵ」とネオンの灯るバーがあった。入ってみるか。

弥次　「サイドカー」

喜多　「ジントニック」

阿部屋「マティニー」

マチコ「ウオッカトニック、ウオッカ少なめね」

暗めの照明が、ロンドンパブ風店内を落ちつかせ、ジントニックが爽やかに喉をおりてゆく。

「葉巻あるかい？」

「はい、ございます」

「あれ、喜多さん煙草吸わないいんじゃないの」

「これは別。キミ、シガーは紳士のたしなみじゃよ」

「フーン」

阿部屋は納得ゆかない表情で、マイルドセブンをくわえた弥次に「すみません一本」と手刀を切った。

「阿部屋さんこそ禁煙したんじゃないの」

「だから自分では買わないいんです」

理屈になってない。おいらは深々とキューバ産モンテクリストの煙を吐き出した。さてもう一杯。

「なにか、オリジナルカクテルはありますか？」

「はい、そうですね……、品川心中はいかがですか」

「おお」

一体どんなものだろう。酒瓶を並べて作り始めたマスターの手さばきに、皆注目した。

「どうぞ、品川心中です」

細身のフリュート型シャンパングラスは鮮やかなブルーで満たされ、ピンクのストローが二本入る。

スイー。

冷ややかにとろりとして、甘酸っぱく、ほのかな苦味が淋しい印象を残す。あまり強くない。

「アップルリキュールとブルーミントリキュールを、レモンジュースとブルーキュラソーで調え、氷と一緒にミキサーにかけています」

なるほど。普通カクテルはベースの酒を一種決め、そこに変化をつけるが、これはベースが二つあり、ストローを二本さす。すなわち心中だ。

「はかなさをめざしたと言ってました。ブルーは海の色なんでしょう」

氷を混入させるのは、飛び込んだ海の冷たさか。

「ということは、考えたのは別の人？」

「はい」

つい先日までいた女性バーテンダーが作者で、もと海上自衛隊という変わりだねだったそうだ。

「喜多さん、ひとくち」

おっと失礼。次々に回し飲みした。

「なにか気持ちが沈む味ね」

「マチコー、オレと心中してくれ」

「いやよ」

すがる阿部屋につれない返事だ。

「題して〝怪談カクテル心中〟」

「おあとは……、うらめしや〜」

「やめてよ〜」

両手を垂らして白目を剝く弥次に、マチコが悲鳴をあげた。

一夜開けて、今日も抜けるような青空だ。夕べ何刻に旅籠に入ったのか憶えてない。結局阿部屋も泊まり、まさに居残り阿部屋になってしまった。マチコもいるから心中は未遂に終わったのだろう。

さて今日からは本格的な旅行脚《あんぎゃ》。道中安全祈願に品川神社に参拝してゆこう。

第一京浜道路に面した品川神社の石の大鳥居は龍の彫物が巻き付きたいへん立派だ。通りすがりに手を合わせてゆく人がいるのは、今も氏神として崇敬されているのだろう。高い石碑「新東京百景」は、昭和三十七年十月・都民の日制定三十周年に都民投票により五位に選ばれたと記される。

はるか見上げる石段をゆっくり登った。一歩一歩品川の町が目の下になってゆく。登りきると緑の葉をぎっしり繁らせた大樹が幾本もそびえる境内になった。

境内隅の心棒のような八角の碑は、昭和七年、品川神社が東京八名勝の三位になった記念に、品川鳶組合が建てたということだ。江戸っ子は名勝や八景が好きなのだろう。

正面拝殿に並び、大鈴を鳴らし手を合わせた。

「無事、五十三次を終えられますように」

かしわ手を打つと気分が晴れた。左の口漱《すす》ぎに小さな青銅の水かけ河童が置かれている。皿が乾かぬよう柄杓で水をかけてやった。後ろの大きな石碑は、明治三十四年に芳村岩吉という人が

品川

二十八年かけ一万度参拝した記念で、当年五十四歳とある。おいらは二十八年かけて一万杯の酒ならゆうに飲んだが……。

説明板に、品川の台地で穫れる品川葱、品川蕪、千貫神輿の祭囃子「品川拍子」も名高いとある。宿場を支える神社、農業、祭に、江戸入り口の町の繁栄がしのばれる。

正面石段にもどると大きな富士塚になった。富士信仰の富士塚は、富士山遥拝と代理登山に富士から運んだ溶岩で作った築山で、今も都内にいくつか残っている。ここのは明治五年の築山。毎年七月一日の富士山開きには、富士講一同はだしでこの塚に登り参拝するという。

一合目、二合目と札を追い三十一段で頂上についた。風が吹き抜ける広々とした眼下に品川の町がひろがる。すぐ先は大きく海をまたぐレインボーブリッジだ。新馬場北口通りのあの辺りが夕べ、カクテル心中をはかったバーか。

「いい眺めだねえ」

「目ざす京都はあっちかな」

ひと晩居残ってまで見送ってくれた阿部屋とここで別れ、石段を下りた。ふり返れば富士塚頂上に阿部屋がまだ手を振っている。

「阿部屋さん、行ってくるよう」

「弥次さん、喜多さん、マチコー、達者でなー」

飲み過ぎるなよう、の一言は風に吹き飛ばされたようだった。

品川

天ぷら　三浦屋
品川区北品川1・28・11
営業11時半～14時　17時～20時　水曜休
電話03（3471）4811

酒肴三昧　牧野
品川区北品川2・19・2
営業17時～23時　日曜休
電話03（3471）3797

カフェバー　HOJU
品川区北品川2・9・8
営業18時～深夜2時
電話03（3450）0888

東海道 居酒屋膝栗毛

その二 藤沢宿之巻

ほろ酔い機嫌の　江の島参り
弁天小僧も　酔いつぶれ

ぴーっ。汽笛一声、東海道線下り列車はゆっくりと車輪を回しはじめ、次第にスピードを上げてゆく。

「うー、おれはまだ眠いや」

「おいらもだ。ちょいと失礼、ひと眠り」

「毎度ご乗車有り難うございます。切符を拝見いたします」

「るせいなあ……、あれ……、おや」

平成の広重ならぬ絵師の弥次は切符を探し始めた。上着を脱ぎ裏表を調べ、立ち上がりズボンの隅々を探り、大きなカバンの中身を全部ぶちまけた。着替え、傘、絵具にカメラにスケッチブック、正露丸に膏薬、道中守り札にハーモニカまである。

「ずいぶんいろいろ持ってきたねー」

「いつ追い剝《は》ぎに遭うかわからんからな」

「なんでハーモニカがあるんだ」

「身ぐるみ剝がれたらこれ吹いて、御足《おあし》を戴く」

藤沢

もう追い剝ぎに遭ったようでズボンまで脱ぎかねない。「後ほどで結構です」車掌は行ってしまった。

「こういう場合どうなるのかね」

「また買えばいいですよ、藤沢なら九百円くらいです」

答えたのは後をつけてきた鳥追女ならぬ原稿取り追いの女編集者マチコ。酔いどれ中年二人旅に嫁入り前の娘が、と版元阿部屋は止めたがどうしても行くときかなかったそうだ。何がおきても知らんぞ。まあ、君なら心配ないか。

「なんですか、その言い方は！」

すぐ怒るのが玉に瑕《きず》だ。

「あ、あった、あったあった。こんなとこに隠れてた」

弥次の切符がズボンのポケットから出てきた。

「一番あるべきところですよね」

「そこが不思議だ。あーおいらもう疲れた。旅慣れないとこのとおりだ。今日はもうホテルで寝てるわ」

毎夜毎夜絵筆を濡らし、昼は寝ている売れっ子絵師の顔は青白く、地上に出てきたモグラもかくや。お天道さまに当たって乾いちまいそうだとぼやいている。

東海道線アクティーはポカポカ陽気を一路西へ——。

たどりついた藤沢は二階駅がそのまま遊歩道になり、若葉生い茂るケヤキの高い梢が顔の前に揺れ、なんとも爽やかだ。

「気持ちいいわねえ、お腹空いたわ」

マチコの感想は率直だ。それではと藤沢と鎌倉をつなぐチンチン電車江ノ電に乗り、降りたところは腰越駅。片瀬の浜に近いこのあたりはシラスが有名だ。

「江戸っ子だってねー」

「神田の生まれよ」

「シラスを食いねえ」

なに言ってるか判らないが網元直営の「しらすや」に入った。名前と違い店内はしゃれている。

「南フランス、プロバンス風だな」

「弥次さん、プロバンス行ったことあるの？」

「ないよ」

「……とりあえずビールだな。おたくは何ビール？」

おいらはビールの銘柄にうるさい。

「キリンですが、地ビールの鎌倉ビールもあります」

「お、それそれ、鎌倉ビールちょうだい」

横から弥次が返事をした。素人だな。地ビールが必ずうまいとは限らないのだぞ。いや、弥次は、エプロンにメモ片手、くりくり目が人なつこい店のお嬢さんに「僕は素直だよ」と言いたいようだ。まあいい。それよりつまみだ。シラスの店らしくタタミイワシがある。ノリタタミとは何だろう。

「今の時季だけ採れる新海苔を、シラスと一緒にタタミに干したもので、軽くあぶるとビールのお供に最適でーす」

おお、何とビール好きの心をくすぐる説明だろう！

「じゃ、このイカタタミは？」マチコが訊いた。

「小イカを集め、そのままタタミに干したもので、ワタの苦味が通好みと言われてまーす」

「いただくわ」

「ありがとございまーす。イカ一匹丸ごと使ったイカ刺し限定十四もサービス中でーす」

「それも」

「ありがとございまーす」。彼女の返事はあくまで軽い。

鎌倉ビールはすっきりしたコクと気品がありとてもおいしい。ノリタタミはシラスに緑の新海苔を粗く漉《す》きこんだ取り合わせが美しく、軽く焦げた磯香がビールに最高だ。イカタタミはホタルイカくらいのイカを寄せ集め、足や胴の絡まったのをそのまま干したイカのタタミイワシで、墨のワタにむっちりとコクがある。マチコは七味ぱらりの醤油マヨネーズにつけ「いけるわねー」と離さない。一匹丸ごと使ったイカ刺しは、叩いた肝ワタにつけると大変おいしい。

「いや、昼間っからご機嫌だね。おらぁもう知らねえよ。後はホテルで寝てらあ」

お天道さまにあたったモグラよろしく、昼のビールに弥次はくらくらしている。さーてシラスでご飯だ。

シラスはおいらの大好物。吟醸酒にも燗酒にも、シラスにレモンを搾れば品の良い磯香とふんわりした口当たりでいくらでも酒が進む。海から上がったばかりの生シラスは大変足が早く、こればかりは海岸でなければ食べられない。

「お嬢さん、生しらす丼と、釜揚げしらす丼と、しらすづくし定食、各一ね」

「はーい、しらすハバノリ丼はいかがですか、今だけ採れる、岩から掻《か》いたハバノリが入った季節限定でーす」

「それも」

温かい酢飯に生しらすがたっぷりのった生しらす丼に醤油をタラーリと回し、わしわし。定食のしらすかき揚げをかぷり、しらすハバノリ丼はまずシラスで一口、ハバノリで一口。やがて胃袋の限界が来た。

「うーい、もう食えん」

「全くよく食うな、江戸っ子じゃねえな」

「腹ごなしに江の島でも行くかあ」

大山詣《まい》りと並ぶ江戸の観光名所江の島は、弘法大師、日蓮上人、一遍上人など多くの名僧が修

行に訪れ、昔は人足の肩にまたがって渡った。明治二十四年初めて橋が架かったが丸太に板を渡しただけのもので、本格的な橋が出来たのはようやく戦後昭和二十四年のことだ。その弁天橋を歩いて渡った。

肌をなでる潮風が気持ちよい。島の入口の青銅大鳥居はいかにも海辺らしく、浪が彫られている。お土産屋の並ぶ石畳の参道を登り、竜宮城型の山門に着いた。

大正十年建之なる石柱〈八坂神社〉の揮毫《きごう》は〈元帥海軍大将大勲位伯爵東郷平八郎謹書〉とある。

「ちと大げさでないかい。だいくんいはくしゃく、は、はくしょん。うー、寒い。裸弁天でも拝みに行くか」

「歩いて登るときついです、エスカーで行きましょう」

エスカーとは屋根つきエスカレーターのことだ。切符を買い改札を通った。

「切符なくすなよ」

「がってんだ。丸めて鼻突っこんどかあ」

エスカーを二回乗り上の本殿に着いた。まずは神妙にお詣りし賽銭をあげた。隣が、安芸の宮島、近江の竹生島《ちくぶじま》と並ぶ日本三大弁財天、江の島弁財天を祀る奉安殿だ。俗に裸弁天と呼ばれるヌードの弁天様は、ふくよかなおっぱいも露に片脚を膝に組み琵琶を奏し、音曲芸道に御利益があるという。戯文戯画も芸のうち。

「オンサラバスティエイソワカ」

説明にある唱え言葉をつぶやき手を合わせた。

何やら心晴れ、山道を回った。

「しかし江の島なら、やっぱ弁天小僧だな」

江戸物に詳しい弥次が言った。御存知、歌舞伎『青砥稿花紅彩画《あおとぞうしはなのにしきえ》』白浪五人男の徒《あだ》な若衆・弁天小僧菊之助。映画の極め付けは市川雷蔵だ。女装してゆすりに入った呉服屋浜松屋で正体は男と見破られ、開き直って名啖呵を切る。

「知らざあ言って聞かせやしょう。浜の真砂《まさご》と五右衛門が、歌に残せし盗っ人の、種は尽きねえ七里ヶ浜、その白浪の夜働き、以前をいやあ江の島で、年季勤めの稚児が淵……、弁天小僧菊之助たぁ、ア、おれがことだぁ」

パチパチパチ……「村松先生かっこいいー」マチコの頬が紅潮している。弁天小僧ならおいらも負けない。

〽牡丹のような　お嬢さん
しっぽ出すぜと　浜松屋
二の腕かけた　彫物の
桜にからむ　緋縮緬《ひぢりめん》
しらざぁいって　聞かせやしょう
おっと俺らぁ　弁天小僧菊之助

御存知、三浦洸一のヒット曲「弁天小僧」を朗々と歌ったが、「誰ですかその人」とマチコは言った。

夜になり藤沢にその名も高い居酒屋「久昇《きゅうしょう》」に入った。開店の五時にもう客が大勢飲んでいる。

「並ばれるとつい開けちゃうんですよ」

細面に眼鏡の目が鋭い板長さんは話しながらもせっせと手を休めない。壁の品書きの多さに目を見張った。その数およそ百七十余り。それも、棒かにの黄身煮、鰻の千草サラダ、ホヤと野菜の沢煮、セロリのきんぴら、山うど鶯宿梅あえ、など見知らぬ品が多い。

「おらあ、もう塩辛でいいや」

弥次は数だけで目まいがしてしまったらしい。そんな事でどうする。「ようし」おいらは闘志をかき立て、初めてのものを中心に注文を開始した。
・茗荷卵とじ——浅い土鍋に縦切り茗荷を卵でゆるくとじ三つ葉を散らしたもの。ダシ最高。品よく粋。
・鴨肝松風焼——鴨の肝を煮詰め羊羹のように切り、ケシの実をまぶしたもの。チョコレートケーキのようなまったりしたコクは絶品。酒にぴたりと合う。
・新じゃが味噌転がし——揚げた小じゃがに甘辛練り味噌を青じそ葉とからめたもの。熱いほこほこ小じゃがと濃厚な味噌の対比素晴らし。マチコお代わりする。
・牛筋の旨煮——八角をきかせ、とろける直前まで煮た牛筋を壺に入れ、仕上げに生クリームをたらり。奥深いコクに陶然。おから(絶佳)と並ぶ一番人気とか。

料理法はすべて類推だけど、何を頼んでも独自の工夫が凝らされ、しかも女好みの小じゃれた懐石風ではなく、男の酒飲みのための力強い肴になっているところが大変素晴らしい。もちろん初鰹たたき、鯛の白子(鯛ですぞ)、〆鯖(泣く)など生ものもいい。

「いいわねー、ここ。東京にこんな店ないわよ」

「それにほら」

弥次の言うことはわかってる。品よく、少したれ目の東映時代劇の陽気なお姫さまのような美人奥様だ。お姫様なのにエプロン掛けの気軽な支度で、てきぱき店を切り回し、運んでくると必ず一声かけてくれ、こちらの目尻もたれる。注文の料理はたちまち届き待たせることがない。

藤沢

「こりゃあ、海道一の名居酒屋だ」

「ちげえねえ」

三時間もいてようやく出た。うーい。酔った頬にあたる夜風が気持ち良い。

「よーし、もう一軒」

たどり着いたのはビル一階のこぎれいな店「久花《ひさはな》」。作務衣の主人は銀髪を後ろに束ねている。客は我々ばかり。茅ケ崎熊沢酒造の地酒「曙光」吟醸生がうまい。

「昔の藤沢はいかがでしたか」

「のんびりしてましたよ。僕ら近所のガキどもは連れ立って小川でアカガエルとってね。その場で焼いて食うんです。足からすーっと皮剝いて、ワタ取ってね」

「ほう」

「戦前の話です。食べる物もなくてね。……昭和十八年頃だったかなあ、サーカスが来たんです」

子供だった主人は、丸太のテントが建ってゆくのが面白くて毎日見に行った。ある日きれいなお姉さんが「ボク、いつもいるね」とあんパンを包丁できっちり二つに切った半分をくれた。サーカスが始まり見に行くと、そのお姉さんはスパンコールも華やかな、水着のような衣装で登場し、空中ぶらんこを颯爽《さっそう》と跳んだ。

「なにしろこれでしょう」主人は手で股の切れ上がった格好をした。

「幼きササキ少年は、ぼおっとなったわけですよ。ははは、いやお恥ずかしい」

川のカエルを食べていた日々にあんパンの味はどうだったろうか。それをくれた女《ひと》は——。

「いいお話ねえ」

「まったくだ、つーんとくらあ。主人、飲みねえ」

弥次は鼻をぐすりとやった。

晴れ渡った翌日、藤沢の名刹、遊行《ゆうぎょう》寺をたずねた。正しくは清浄光寺、一遍上人開基の時宗総本山だ。

広々とした境内は名残の桜が大銀杏の若葉に映え、爽やかだ。道中無事の参拝を済ませて下ると、せま侠客・国定忠次の子分、板割朝太郎の墓があった。朝太郎は天保十三年（一八四二）赤城山騒動の後、親分と別れ、渡世の足を洗って仏門に入り、殺《あや》めた中島勘助・勘太郎親子を弔いながらこの遊行寺に尽くしたという。

「そうかあ、……よし」

弥次がカバンから取り出したのはハーモニカ。

「親分。せめてあっしの、赤城の子守唄でござんす」

緑の境内に流麗なハーモニカが流れてゆく。

〽泣くなよしよしねんねしな
　山の鴉が啼いたとて……

藤沢

両手をズボンの縫い目に合わせ直立不動、喜多八は東海林太郎になった。

「さあて、と。西の京都はまだ遠い……か」

ふらふら歩き始めた二人を「待ってよう」とマチコが追った。

しらすや
鎌倉市腰越2・10・16
営業11時～22時　木曜休
電話0467（33）0363

酒処・喰処　久昇
藤沢市鵠沼橋1・17・2
営業17時～23時　日曜休
電話0466（23）5003

居酒屋　久花
藤沢市鵠沼石上1・4・3
藤沢23ビル1F
営業17時～23時
日曜・第3月曜休
電話0466（27）7038

東海道居酒屋膝栗毛

その三 小田原宿之巻

守り通した　女の操
いなせ浴衣の　弥次と喜多

富士丹沢に流れを発し、相模湾に注ぐ酒匂川《さかわがわ》の鉄橋を渡ると、もう東海道九番目の宿・小田原だ。

「酒の匂いの川とはいい名だな」

「おいらたちには、ぴったりだ」

平成の弥次喜多と洒落て旅にでた戯作戯画コンビは、車窓から川を見おろした。

「昔は橋のない徒渉《かちわたり》。次は箱根八里の難所。あいだの小田原では必ず一泊し、文政五年（一八二二）には、大名行列二、三日に一回、一般の旅人一日平均四、五百人、本陣・脇本陣合わせて八軒、旅籠九十五軒。東海道随一の宿場です」

何やらメモを読み上げたのは原稿取り（鳥）追女・マチコ。

「わはははは」マチコの持って来た十返舎一九の本家『東海道中膝栗毛』を見て弥次が笑った。

宿引「どふぞ私方へお泊下さりませ」

弥次「きさまのところはきれいか」

宿引「さやうでござります。此間建直しました新宅でござりまする」

小田原

弥次「すいふろ（風呂）はいくつある」
宿引「お上と下と二ツづゝ、四ツござります」
弥次「女はいくたりある」
宿引「三人ござります」
弥次「きりやうは」
宿引「ずいぶんうつくしうござります」
「きさまのところはきれいか」
「女はいくたりある」
威張る二人にマチコはそっぽをむいた。
おだわら〜　おだわら〜。
小田原城天守閣の見える駅前は土産物屋が並び、〝いか塩辛できました〟の幟《のぼり》があがる。まぶしい陽射しは熱く雲の動きが速い。「昼めし昼めし、蕎麦がいいな」駅前通りをぶらりと行き、木造総二階、由緒あり気な蕎麦屋「寿庵」にはいった。小田原駅開業のとき開店したという古い造りは、天井が高く気持ちがよい。
「おいらは、もり」
「おいらは、とろろの冷たいの。マチコは？」
「私は、あんかけうどん」

この暑いのに暑苦しい注文だ。

ングングング……

渇いた喉にビールがするすると流れてゆく。きりりと冷たい蕎麦にこれまたよく冷えたとろろをからめてつるつるつる。弥次はせいろ一枚を瞬《また》く間にきれいにし、マチコは額にハンカチを当て、ふうふうとうどんを吹いた。

弥次喜多ならば東海道を歩いてみなければいけません。マチコの提案で旧道へむかった。

海沿いの旧道は国道一号線だ。さぞかしトラックびゅんびゅんと思いきや、車どころか人どおりもなく、古い文房具店や洋品店の並ぶひなびた通りだ。広重の浮世絵に見るような曲がりくねった背の高い松の古木がそこかしこに残り、往時もかくやと思わせる。

出し桁造りの古い立派な木造商家は元漁具屋だそうだ。目の前の相模湾は絶好の漁場。地名の石碑に〈市場横丁　海に臨み魚座（魚商人の同業組合）の魚商が多く住み、魚市場が開かれていた〉とある。鈴廣、杉兼、うろこき、山一など、かまぼこ店が軒を連ね、その先の「丸う田代」は、小田原市街《まち》かど博物館の一つで見学ができ、入ってみた。

解説によると、〈蒲鉾の文字は平安時代『類聚雑要抄《るいじゅうぞうようしょう》』という書に初めて登場する。棒に魚のすり身をつけて焼いた形が蒲の穂に似ているため蒲穂子から蒲鉾になった。その後、棒を抜いたものをちくわかまぼこと言い、竹輪になる。小田原で板に乗せる形が考案され、江戸時代に「焼き」から「蒸し」に変わって大量生産できるようになり、旅人の箱根越えの携行食となった。『東

小田原

海道中膝栗毛』に「アアいいさけだ。時にさかなは、ハハアかまぼこも白板だ」とある。『類聚雑要抄』の発行された永久三年（一一一五）を記念して十一月十五日をかまぼこの日とする〉

「かまぼこの日ぃ？」

弥次が声をあげた。

「なら竹輪の日、はんぺんの日はいつだい」

「さつまあげの立場はどうなる」

「はんぺんはすり身に山芋を入れて煮たもの、さつまあげはすり身を揚げたものなのね」

マチコはお勉強好きだ。

「じゃ、板わさ、って何だ」

「板わさはかまぼこにワサビを添えた料理の名前。かまぼこは食材の名前です」

「……フーン」てきぱきした答に弥次は面白くなさそうな顔をし、ややあって続けた。

「じゃ、かまとと、の語源は」

「？」

「世間ずれしてないように見せかけるため、海にはかまぼこという板のついた魚《とと》が泳いでいる、と信じているようなふりをすること、じゃ」

「あら、そうじゃなかったの？」

「……もういい」弥次は向こうへ行ってしまった。

立派な白木の箱に鯛の尾頭とかまぼこを詰めた写真が飾られている。

〈御成婚の折り詰め　昭和三十四年四月十日　皇太子殿下・美智子様〉

「ふーん、やっぱりかまぼこいれるのね……。私も買って帰ろうかしら」

どうぞ買って帰って板わさで一杯やってくれ。

北に向かう甲州道の起点・高梨町から青物町に渡ると宮小路になった。酒蔵箱根山、大衆酒処おたふく、クラブ花園、お好み焼き袖ヶ浜……。小さな居酒屋やスナックの並ぶ一昔前の古い飲み屋街だ。駅前よりも、遠く離れたここの方が旅の風情を感じさせる。

「さあ、次はういろうよ」

「ういろう？　菓子？」

「違うの、小田原名物。行けばわかるわ」

級長タイプのマチコはタクシーに手を上げた。

「運転手さん、宮小路は古いの？」

「昔はあそこが一番の繁華街だったんですよ。殿さまキングスって知ってます？」

知らいでか。「なみだの操」は日本有線大賞特別賞、日本レコード大賞大衆賞受賞のミリオンセラーだ。

「あの宮路オサムは、昔、宮小路で流しをしてたんです。それで芸名を宮路としたそうです」

「あ、つまり宮小路で芸をおさめた、と」

「でしょうかね」

〽あなたのために〜　守り通した女の操
　今さら他人《ひと》に　ささげられないわ〜

　いきなり声をそろえ、マチコに歌いだした二人に独身の女級長はフンと外を向いた。

連れられた旧道沿いの〈ういろう〉を見て肝をつぶした。銀色に光る瓦も重々しい〝八棟造り〟なる建物は、石垣、白壁の三層階にいくつも破風を設け、小田原城も顔負けの豪壮な大館だ。

　ういろうは、中国から来た陳外郎《ちんういろう》という人の裔《すえ》が小田原で売り出した透頂香《とうちんこう》という薬のことで、菓子のういろうもこの人が作ったという。『東海道中膝栗毛』に〈ういろうを餅かとうまくだまされてこは薬じゃと苦いかほする〉とある。

「外郎は成田屋十八番のうち」

江戸物に詳しい弥次が言う。

享保三年、二代目市川団十郎は行商薬売りの外郎売りを舞台に取り込み、宣伝文句売り立ての弁舌を〈言い立て〉の芸に仕上げた。

「相州小田原一しき町をお過ぎなされて青物町を…来るは来るは何が来る高野の山のおこけら小僧狸百疋箸百ぜん、天目百ぱい棒八百本武具馬具ぶぐばぐ三ぶぐばぐ合わせて武具馬具六ぶぐばぐ。菊栗きくくり三きくくり合わせてむきこみむむぎごみ……」

「すごーい」一気呵成の口上にマチコは手をたたく。名高い道中常備薬ういろうをこの際買っておこう。マチコは心臓が心配の父の土産にと殊勝だ。

「一個ください」

「どなたが服用されますか」

「私ですが」

「では健康診断をしますので少々お待ち下さい」

すぐには売ってくれない。しばらくして女性が来た。

「体の御心配なところはどこですか」

「あの、酒を飲むものですから肝臓が、ハハ……」

「肝臓には効きません」

小田原

「あ、そうですか……」

「……まあ、二日酔いくらいでしたら」

「そ、それで結構です」

何とか売ってくれそうだ。次はマチコだ。

「父が心臓が少し弱くて」

「現在何か薬をお飲みですか」

「たまに、救心とか……」

「ではおやめ下さい。ほかの薬との併用はできません」

きっぱり断られ、女級長もたじたじだ。

「こちらの方は」

「お、おいらは総合的にあのその、あのえと……」

立板に水の外郎売りも何を言ってるのかわからない。

「宿で休もう」外に出て口上師は弱々しくつぶやいた。


「喜多さん、これ着るかい」

夕方、酒の段になり、弥次がぽんと浴衣を投げてよこした。帯も草履もある。こりゃあいい。

早速角帯を貝の口に締め、ぱんと叩いて身支度完了。大柄吉原つなぎの弥次は粋な噺家ふう。おいらは肩と裾にでっかい江戸文字で〝睦《むつみ》〟と入る深川睦連揃いの侠客好みだ。二人してホテルロビーに降りるとマチコが目をまんまるにした。

「どうでい」

「いいわねー……」

満更でもなさそうに腕組みの片手をあごに当て、上から下までしげしげと見ている。

さて出陣。あいにく雨が降りだしホテルで傘を借りた。忘れないでくださいと念を押され、目立つように赤、青、黄、一本ずつの交通信号だ。この支度には無粋だがまあいいか。町中、浴衣にバカ派手な傘の男二人はかなり目立つ。すわ殴り込みか、盆踊りの練習か。

着いたところは小田原にその名を知られた明治二十六年創業の料理屋「だるま」。昭和初期の重厚な唐破風入母屋造りは、シルクハットに羽織袴の要人や顔役が次々に人力車でやってくるのが合いそうだ。中は高い格天井が広々とした空間を作り、柱も、お寺のような銅鐸《どうたく》型の窓も机もきれいに磨かれ気持ちがよい。

「こりゃあ立派だ」

「格式を感じるわね」

東京にもこれだけゆったりした古い料理屋はそうはあるまい。それでいて高級な料亭ではなく、あくまで普通の食堂料理屋なのがいい。お爺さん連れの家族、品の良い年配婦人がなごやかに机を囲み、酔客はいない。隣のご婦人お召し上がりの天丼九五〇円は、見ただけでわかる良心的な品でとてもおいしそうだ。一角に席を取り品書きを見た。

御刺身　相模湾わかし（ぶりの若魚）　五〇〇円
しょうご（かんぱちの若魚）　六〇〇円
めじまぐろ　六五〇円
金時だい　五五〇円
ないらかます　八〇〇円
地たこ　七〇〇円

などなど。〈以上五切盛〉と明記してるのがいい。

「私はこれがいいわあ」

マチコは冷やし鉢だ。

「お、あるある、さすが小田原」

品書きの最後にさりげなく板わさが。

「料理名、板わさ。なるほどね」

「そうよ、教えたでしょ」

マチコは浴衣のいなせな(?)男二人に囲まれ嬉しそうだ。観光客らしい隣の外国人一行が我々をちらちら見るのを意識して、おいらは俠客よろしく大きく草履の足を組み、胸を開け扇子で風を送り込み小声でつぶやいた。

「ジスイズ、ジャパニーズ、バスローブ……」

「もっとでかい声で言いな」

噺家につっこまれ、力なく扇子をたたみ足を下ろす。

カンパーイ、ングングング……

「おいしいわねー、ビール」マチコが口の泡をぬぐう。

しなやかな旨味のわかし、脂ののったしょうご、ゆで具合絶妙の地たこは甘味がすばらしい。

「うまいねえ、このタコ」

「江戸っ子は板わさよ」

冷や酒に替えた噺家の、浴衣・切子ガラス盃・板わさの取り合わせはまことに夏らしく絵になる。わさびは擂りおろしでなくワサビ漬なのが小田原らしい。

「まあ、きれい」

冷やし鉢にマチコが歓声を上げた。黄色の玉子豆腐、赤い車海老、冷やし茄子、出し汁そうめんなどが、少しずつ彩り涼しげに盛られ美しい。

「そうめん、もらっていい？」

どうぞどうぞ。

上げ下げの半袖制服の年配婦人が落ち着いた店の雰囲気を作る。仕上げの活きあじ寿司は透明

小田原

感みずみずしく絶品だった。

雨はあがり、傘が邪魔になった。

「ここに捨ててゆくぞ」

「だめですよ！」

マチコが声を上げる。

「侠客に赤い傘を持たせる気か」

「噺家に傘はいらねえ」

何を言ってるのかわからない。やってきた夜の宮小路は車も人通りもないが、誘うように灯をともした行灯看板がなまめいたムードを漂わす。少し暗いあたりは松原神社だ。地回りとしては筋を通さねばなるまい。

ガランガラン。夜の境内に音をさせ柏手を打った。

「よし。さて、マチコどこがいい」

「私、夜、白いご飯食べないと落ち着かないの。いいかしら」

いいともよ。渡世人は女に優しいんだ。

「君にぴったりの店がある、あそこだ」

「おにぎり　おかめ。……まあ、フン」

マチコはふくれたが嬉しそうだ。戸を開けると小さくこぎれいだ。「いらっしゃいませ」テレビを見ていたママさんがおしぼりを用意した。渡世人は夜、白いご飯なぞ食べない。酒だ。噺家はビール、マチコはおかかとたらこのおにぎりにみそ汁、お新香を注文した。

酒のお通しは板わさだ。しこしこと弾力がいい。

「このかまぼこはどこの？」

「籠清です」

もの静かなママさんは女優岸田今日子に似ている。

「……このおにぎりおいしい！　おみそ汁も」

マチコが両手をぶるぶる震わせ言った。しっかり海苔で巻き固めたのが二つに割られて湯気を上げ、たっぷり入るおかかのご飯にしみたところがうまそうだ。今作った、豆腐・なめこ・三つ葉の熱々みそ汁の香りが鼻をつく。

「お、おいらもおにぎり」

まず噺家がうめき、ややあって俠客も「……おれも」と小さくつぶやいた。

「うまかったー。この店は何年ですか？」

「三十年です」

「すると、……流しの頃の宮路オサムを見ましたか？」

「いえ。でも有名になられてから何度かいらっしゃいました。苦労時代にひいきにしてくだすった方の恩を忘れてないんでしょう。よくこの席でお客さんに『なみだの操』を歌ってました。プ

小田原

口の方は伴奏なしでは絶対歌わないでしょうにね」

そうかあ。

〽あなたの（あなたの） 決してお邪魔はしないから
おそばに（おそばに） 置いて欲しいのよ……

酔った侠客と噺家のかけあい歌に今度はマチコもそっぽを向かず、扇子であおいでくれた。


翌朝、夜来の雨も上がり小田原城に行った。

戦国、明応四年（一四九五）、小田原に入城した北条早雲は全関東を配下に中世最大の城郭を作り上げ、上杉謙信、武田信玄の軍勢を全く寄せつけず難攻不落を誇った。天正十八年（一五九〇）、天下統一を計る豊臣秀吉は二十一万の大軍を以て五万の北条方を取り囲み、諸将の妻子や芸人も呼ぶ悠々たる持久戦に持ち込んだ。一方、城内の連日の評議はなかなか結論が出ず、世に小田原評定と言われた。その後開城。秀吉はこの城を徳川家康に与え、東海道の要衝となった。

清々しく晴れ渡った青空に、白雲が隆々とわき起こる。こんもりした大樹の緑からさらに一段高い天守閣はまことに晴れやかに美しい。気分は登城だ。あまり二日酔いしてないのは、ういろうが効いたか。天守閣に上がると、間近に箱根山が立ちはだかるようだ。

「いよいよ街道一の難所、箱根越えだ」

小田原

「がってん承知の助」

「お邪魔しないから、私を置いてかないで」

マチコが歌のように袖を引いた。

網元直営　だるま
小田原市本町2・1・30
営業11時〜19時40分LO
不定休（月1回休）
電話0465（22）4128

おかめ
小田原市浜町3・1・35
営業18時〜深夜1時
日曜・祝日休
電話0465（22）4646

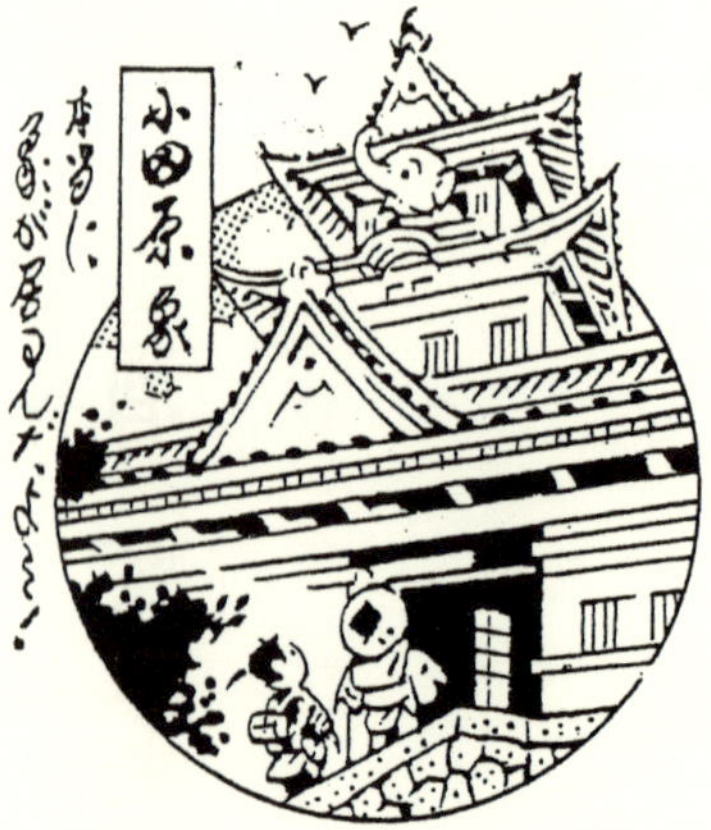

東海道五拾三次之内
沼津
東海道
居酒屋膝栗毛
狩野川
その四
沼津宿
之巻
居酒屋さがして　てくてく西へ
今日も日暮れて　エンヤコラ

ようようにして難所箱根を越え、狩野《かの》川沿いに沼津の宿も近くなった。狩野川は黄瀬《きせ》川と合流し沼津で駿河湾に注ぐ。ここは源氏再興の兵を挙げた兄・源頼朝に応え、奥州からはせ参じた弟・義経が兄と対面したところだ。

「兄上！」

「なんだ、弟」

「ぬ、ぬまづ食わずで、腹へったー」

「……なに言ってんですか」

口をとがらせたのは、鳥追女マチコ。なにかと真面目なのが玉に瑕。

「お昼はもうすぐです。これを読んでおいてください」

すぐお勉強になる。なになに。

――亀鶴観世音菩薩　亀鶴は頼朝の富士巻狩に機を得た曽我兄弟討入りの夜、仇・工藤祐経《すけつね》と床を同じうしていたため共に討たれた海道一の遊君。

「海道一の遊君、いいねー」

沼津

「昼めし前に、女難除けのお参りだ」

「そこじゃないです。読みます。沼津城は文明十一年（一四七九）北条早雲が築城し、江戸時代は水野出羽守十三万石の……」。聞いているうち眠くなってきた。

沼津の昼めしならと着いたところは沼津漁港。魚料理の店が一大センターをなし、多すぎてどこに入っていいかわからない。「私、あそこの大連ラーメンでいい」いざとなると尻込みし、無難にすまそうとするのも、冒険できない女級長タイプの弱さだ。そんな事でどうする。「たのもう」とばかり私は胸を張り、いちばん目立つ大店「魚《と》魚《と》丸」の暖簾を分けた。

魚は外から好きなものを選んでください、と言われもう一度アーケードに出ると一面に魚のトロ箱が並ぶ。アカムツ、イトヨリ、カマス、ソゲ、ドンコ、エボダイ、メヒカリ、カレイ、カサゴ、アカザエビ……、みなぴかぴかしてうまそうだ。

「マチコ、何にする？」

「私もうわかんない、太田さんにまかす」

マチコは魚の山に尻込みして店内に戻ってしまった。

「亀さんは？」

「おいらか、おいらは塩辛……」

弥次の注文でこれ以外の返事を聞いたことがない。ようし、おいらが注文を組立ててやろう。

刺身＝太刀魚、メギス、手長エビ

焼物＝甘鯛、的矢カキ
煮物＝カレイ煮付け、アラ煮
ご飯＝生シラスとアジの寿司、ハマグリ汁つき

どうだ、とばかり満足げに私は届いた料理を見渡した。駿河湾産でないものもあるがいいのだ。妍《けん》を競い並ぶ魚からピタリと逸品を見抜く。これが……。

「この塩辛おいしい！　私これで白いご飯食べたーい、すみませーん、おしんこと……」

苦心のコース料理の講釈は無視された。それでも皆で残さず平らげ、満足して店をでた。

「おいしかったわ。おしんこ切る包丁は魚と分けて欲しいわね」

まかした割にマチコの感想はこまかかった。

腹ごなしに千本浜公園に行った。狩野川河口から田子ノ浦にかけて広がる千本松原は東海道随一の景勝地として知られる。

　田子の浦にうち出でて見れば白妙の
　　富士の高嶺に雪は降りつつ　（山部赤人）

幼いころ百人一首で初めて憶えた歌だ。正月のカルタ会でこの札だけは誰にも取らせなかった。

　富士の高嶺に降る雪も

沼津

京都先斗町に降る雪も　(マヒナスターズ＋松尾和子)

長じてよく歌ったお座敷歌謡だ。

名のごとくみごとな松林に、苗木を持つ僧侶の像が建っている。天正年間、北条は武田軍の伏兵が深い松林に隠れ忍び寄るのを恐れ、松を残らず切り倒した。そのため風害塩害で苦しむ農漁民を見た旅の僧・増誉《ぞうよ》上人は「一本植えてはなむあみだ、二本植えてはなむあみだ」と経を唱えて松を植え、千本松原を復興したという。

「一本飲んではなむあみだ」

「二本飲んではなむあみだ」

手を合わせむにゃむにゃ言う飲んべい二人に、鳥追女は向こうへ行ってしまった。

「素敵ねー」マチコが歌碑に目を細める。

幾山河こえさりゆかば寂しさの
　はてなむ國ぞけふも旅ゆく　(若山牧水)

旅と酒の歌人・牧水は千本松原を愛し、晩年をここで過ごした。

「これもいいわねー」

千個の海のかけらが
　千本の松の間に挟まっていた。（井上靖）

作家・井上靖は多感な青春時代を沼津でおくり、市内には文学碑がいくつも建っている。
「おいらはこれだな」

くれぬまに沼津のさとに着きにけり
　しばし見てこむ海の景色を　（昭憲皇太后）

明治三十九年、沼津御用邸に行啓《ぎょうけい》した昭憲皇太后はこの地を気に入り、しばしばお忍びで市内に出たという。割竹を広い網代《あじろ》に編んだ沼津垣のある「文学のみち」をたどり港口公園に来た。
「おいらはこれがいい」弥次が指さした。

今宵出船か　お名残り惜しや
　暗い波間に　雪が散る　（勝田秀月）

明治三十二年沼津に生まれた勝田香月は十八歳で「出船」の詩を書き、藤原義江一代の名唱で世に知られた。「その人誰なの？」マチコは〝われらのテナー〟を知らないらしい。ようし聞いておれ。

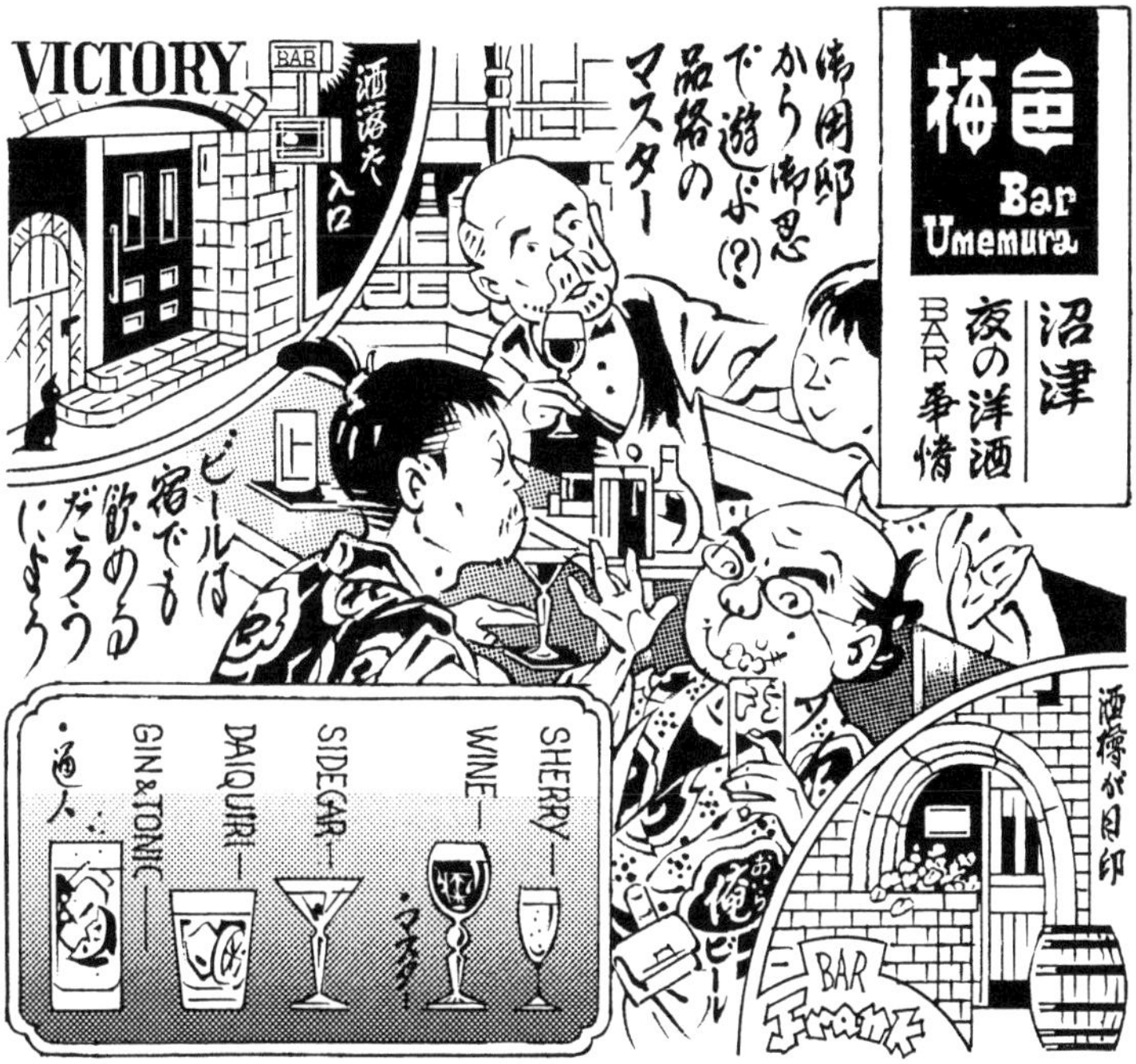

船は見えねど　別れの小唄に

沖ぢゃ千鳥も　泣くぞいな――

文学少女、事大主義、浪漫派、それぞれの好みを映した文学碑めぐりは中年男二人の熱唱で終わった。

日も暮れなずみ居酒屋タイムとなった。沼津は鉄道を間に北と南に分れる。北口はあまり明るくない通りに、花小路、田中小路、味好小路、さくら横丁、高砂横丁などの小路が縦横に巡り、居酒屋やスナックが並ぶ。「飲み屋とモーテルの数は東洋一ですよ」タクシー運転手が苦笑する。

目立たぬビル二階の銘酒居酒屋「一時来《ひととき》」の、靴を脱いで上がるカウンターに座った。中に立つのは断髪の美人ママさん一人。錆紫の着物に、桜を散らしたたすきがきりりと色っぽい。

「お酒をください」

「はい、上の段が静岡の酒、下が県外の酒です」

目の前のガラス保冷庫にびっしり日本酒が並ぶ。静岡といえば今や名だたる酒どころ。開運、磯自慢は有名だ。しかし私は他にも隠れた名酒を知っている。「酒匠」の資格をもつという美人ママさんは私の注文を、どこからでもかかって来なさいと言うように待っている。カウンターをはさみ緊迫した真剣勝負の気迫が満ちた。よろしい、ここはわが実力（？）を見せてやろう。

「小夜衣、葵天下に正雪か。国香の、それは何ですか？」

「純米吟醸生の中汲みです」

「それは珍しい、それをください」

四合瓶の栓をきりきりとひねった。封切りだ。

とくとくとく……

ママさんは瓶を手にしたまま私をじーっと見ている。腹の中は〈なんだかエラソーな中年男だけど、お酒わかってるのかしら〉だろう。まあまかせなさい。

ツイー。

「いかがですか？」

「うーむ、熟女」

「あら」

ママさんの頬が心持ち朱に染まった。〈その通りですがその言い方は〉と読み取れる。息づまるようなやりとりに身を硬くしていた弥次とマチコにほっとした空気が流れた。

「熟女、一杯ちょうだい」弥次が盃をさしのべた。

和やかな雰囲気になり、こんにゃく白あえ、〆鯖がおいしい。マチコはおでんだ。

「塩辛ある？」

弥次はこればっかりだ。この店は開店八年、静岡の酒を飲める店がなく自分で始めたそうだ。清潔な隠れ家風は居心地が良い。ママさんが私を見た。

「どんなタイプのお酒が好きですか？」

「清々しくきれいで、上品な色気のある旨口」

「はい、わかりました」

言う方も言う方だが、返事する方もする方だ。注がれたのは「開運純米山田錦55％」これも封切りだ。

ツイー。

「いかがですか？」

「うーむ、女子高三年生」

「いえ、短大でしょう」

「ぷははは、やめてよ」マチコが笑いだし、「短大生、一杯ちょうだい」と弥次が盃をのばした。

うーい、飲んだ。次は南口だ。

「運転手さん、沼津に古い飲み屋街はないのー」

「そうですねえ、もうあまり残ってないですが、三園小路あたりかなあ」

三園小路は棟割り長屋状に、酒場小舟、みち、葦、きみ江、誠、ひさご、富士、など小さな一杯飲み屋がつらなる懐かしい飲み屋小路だ。

「寝小便？　あ、寶《たから》小路かあ」

弥次がアーケード行灯を見て言った。すごい読み違いをするものだ。その寶小路の狭い路地を抜けると飲み屋は終わり、暗い通りに出た。

その先に大きなウイスキー樽を玄関に置いた一軒の洋館がある。赤煉瓦、鉄製の凝った吊下げ看板、石組みアーチの入口はヨーロッパの古い館のようだ。「ＢＡＲ　ＦＲＡＮＫ　ＳＩＮＣＥ　１９６７」。これはいいものを見つけたぞ。

重い木の扉を押すと、大理石床の小さなロビーにロートレックの絵が飾られ、豪華な花が活けられて、高級会員制クラブのフロントのようだ。入ったことはないが。しかし人は誰もいない。マチコがそわそわし出した。「この服で大丈夫かしら」「おいらはしらねえよ」黒レインコートを引っかけた弥次はわれ関せずとかすれた口笛を吹いている。鉄の回り階段を上がると小部屋になり、その奥にみごとなバーカウンターが伸びていた。

沼津

「いらっしゃいませ」

白タキシードシャツに蝶タイ、シルバーグレーのベストに身を固めた温厚なマスターが迎えた。

「何をおつくりいたしましょうか」

「ジントニック」

「かしこまりました。こちら様は」

「ジントニック」

「はい、かしこまりました。こちら様は」

「ジ、ジントニック」

「はい、うけたまわりました」

「ふうー」三人から意味のないため息が出た。

どっしりした木の丸椅子、大きな彫刻刀で削り込んだような野性的なカウンター、アールデコ調の優雅な照明、要所を飾る鉄の彫刻がかもし出す芸術的でシックな雰囲気が素晴らしい。沼津にこんな趣味のよいバーがあったとは。

緑のライム果の沈むジントニックがおいしい。七年前改装したというこのバーはもう三十三年になるそうだ。

「鉄の彫刻がいいですねえ」

「箱根に住む作家です。何か頼むと、『やーだよっ』て必ず言うんですが、二、三ヶ月すると持ってくるんですよ」

「私、ロートレックが大好きなの。それでいい店ねと思って入ったのよ。あ、私のウオッカトニック、ウオッカ少なめね」

「かしこまりました」

マチコは服のことは忘れたらしい。旅絵師の弥次はスケッチに余念がなく、私はお代わりを注文し、しばし優雅なひとときを過した。

「いいお店ねー、やっぱりこれからはバーね。太田さんも居酒屋ばかりじゃだめよ。次行きましょ、次」

マチコはご機嫌だ。次と言うのは、フランクでぜひどうぞと教わったバー「ビクトリー」のことだ。

同じ南口を八幡町へ。表通りから中に入り角を折れると、暗い一角にぼおっと明かりの灯る煉瓦の家があった。石の半アーチから二段ほど奥に上がった洒落た玄関。ワイン庫のような小さな脇扉、煉瓦壁に灯るステンドグラスの小さな袖看板「ＢＡＲ　ＶＩＣＴＯＲＹ」が、いかにもクラシックな雰囲気をつくる。ドアを押すとここも階段を上る造りだ。

二階に至り圧倒された。白壁に黒く太い梁《はり》が走り、飴色の巨木一枚板大カウンターが奥まで一本に伸び、それに沿うぴかぴかの真鍮アームレストには、繊細な筋彫りがほどこされている。一見してわかる高級な調度はまるで英国貴族の城のバーのようだ。行ったことはないが。フランクとはまた違った重厚な雰囲気にみちみちている。

沼津

「いらっしゃいませ」

きちんと上着をつけた、円熟した感じのマスターが我々の前に立った。他に客は誰もいない。

「僕はマンハッタンを」

「ウオッカトニック、ウオッカ少なめで」

「おいら、ビ、ビール」

「かしこまりました」

二人の若手バーテンダーのサポートでマスターがマンハッタンをつくり始めた。左腕をきちんと下げ酒を注ぎ、まっすぐバースプーンを立てステアする所作はあくまでゆっくりと、またけじめを決め、まるでお茶のお点前《てまえ》のようなシンとした緊張感が漂う。

「どうぞ」

小さめのカクテルグラスが私の前に差し出された。

スイー。

「これはやわらかく品のよいマンハッタンですね」

「おそれいります」

マチコが、よくそういうことぬけぬけと言えるわね、と言いたげに私をじろりと見る。なに、バーは度胸さ。絵師は煙草に火をつけ、マチコは同じものをおかわりする。そんなに飲んで大丈夫か。

重厚なビクトリーを出ると外の夜風が涼しい。

「沼津って、いいバーがあるのねえ」

マチコが感心したように言う。まったくその通りだ。

「うめむら、行かない」

弥次が言うのはさっき「一時来」で美人ママが教えてくれたバーだ。この辺のはずだがと、教えられた沼津銀座アーチのあたりをうろうろするが見つからない。電話番号を聞いておけばよかった。「これじゃないの」弥次がちいさな電飾看板を指した。ウイスキー・バランタインの提供看板に小さく「ＢＡＲ梅邑」とある。なるほどこの字か。しかしあるとすればこの壊れかけたような建物の間の狭い路地しかない。半信半疑で入ってみるとドアがあるが、これでは見つからないわけだ。あのフランク、ビクトリーの後ではあまり期待できないが、まあ入ってみよう。

ここも店は二階だ。ぎしぎし鳴る階段を上がりきると小部屋の小さなバーがあった。木の床、山荘風の柱。手斧削りの角がすり減って地肌が少し見える黒いカウンターは、金色の真鍮アームレストとよく合う。足乗せバーは珍しい二段だ。漆喰鏝《こて》仕上げの天井、煉瓦壁、飾り棚の小さなカーテン、ランプ風の灯、柱に何気なくかけた帽子。すべてがほど良く古び、しかしきれいに磨き上げられ、ヴェルレーヌの詩を読む老女優の個室（入ったことはないが）のような瀟洒な優雅さに満ちている。引退した原節子がもしひそかにバーをやっているとしたらこんな店だろうか。

これは素晴らしいバーだ。

沼津

「いらっしゃいませ」

細身の木製丸椅子に座ったきり、あたりを見回す私に声をかけたのはお手伝いらしい娘さんだ。

「あ、はい。えーとそうだな、サイドカーをください」

狭いカウンターの端に立つ老バーテンダーはじっと私を見ていたようだ。黙ってうなずき支度にかかった。

歳のころ六十代か。短く刈り上げた頭も顎鬚も真っ白だ。がっしりした小柄な体軀、威厳のある眼は肖像画の東郷平八郎に似た風格がある。白タキシードシャツの襟先には飾りがつき、燕脂《えんじ》の蝶タイにグレーのカーディガンは相当おしゃれで、しかもこの年齢にならないと板につかないおしゃれだ。

「どうぞ」サイドカーを差し出すと、元の立ち位置に戻り小さなグラスでシェリーらしきをぐいぐいやっている。うっとりした目のマチコが「私あの人とお話ししたいわ」と私の耳元に囁く。どうぞ好きにしてくれ。

バー梅邑は昭和三十年の開店。マスターは三代目でここに来て二十五年になるそうだ。その前はビクトリー、その前は今はなくなった名バー「チェリー」にいたという。ここには沼津のバーの歴史が息づいている。

「いいバーですねー」

「いやどうも。……どちらからですか」

「東京です」

「僕も生まれは東京です。下町」

「あらー、私もよ、どこどこ」マチコが気負い込んだ。

マスターの父は沖縄出身で、東京に出てきて結婚したが、マスターが小学生の時死別した。それから何十年も過ぎた十五年前、ふと父にきょうだいがあるかも知れないと気づき、戦前のことなど無理と思ったが問い合わすと戸籍が残り、父の兄が沖縄伊江島に健在とわかった。マスターは初めて父の故郷に渡り、会った伯父は、子供のころに死に別れて一枚も写真の残っていない父の顔を思い出させた。

「それから、沖縄の島が好きになりまして……」

今は沖縄の島めぐりを楽しみにしているという。

「いい話だねえ。マスター、ビールもう一本」

「素敵だわあ、私ももう一杯いく。ウオッカトニック、ウオッカ多めね」

洗練されたフランク、重厚なビクトリー、エレガントな梅邑。沼津で三軒も良いバーをみつけた。

「東海道に名バーあり」

「一軒入ってなむあみだ」

「二軒入ってなむあみだ」

「三軒入って……ひっく」

沼津

沼津の夜は更け、鳥追いマチコの目は据わっていった。

翌朝、広重の描いた「東海道五十三次沼津」と同じ位置に立ってみたいという絵師の後についていった。

「この辺らしいが、どうも川の形が変だな」

狩野川に合流する川に三枚橋なる橋があるはずと言う。現代の地図には三枚橋町と地名がある。

「橋も川もなくなったかな」

「貉《むじな》川というのが昔あったと聞きましたが。そうだ」

我々の探索に興味をもったタクシー運転手の案内で近くの稲荷神社に行くと、おお、あったあった。説明板に〈この地を流れる貉川に三枚の石からなる橋が架かっていた〉とあり、なんとその一枚が小さな境内に残っているということだ。

「ありましたー、貉川」

運転手が叫ぶ。貉川は家の間に今は暗渠《あんきょ》になっていた。ふと気づくと、昨夜、絵師が〝寝小便〟と読み間違えた寶小路のすぐ裏だ。

「あれは貉に化かされたんかいな」

「貉の小便か。それにしても、この三枚橋のひとつを、弥次さんも喜多さんも渡ったにちげえねえ」

幅二尺、長さ六尺ばかりの平たい石を、平成の弥次、喜多、鳥追女は順番に渡った。この幅では往時の旅人は袖すり合わせてすれ違ったことだろう。

「よーし、ついに弥次喜多に追いついたぞ」

稲荷神社に手を合わせ、さらに三人は西に向かった。

沼津

一時来《ひととき》
沼津市高島町30・18　メイプルビル2F
営業18時〜23時半　日曜・祝日休
電話0559（26）6091

フランクバー
沼津市大手町2・11・17
営業18時〜深夜1時　日曜休
電話0559（51）6098

ビクトリー
沼津市八幡町125
営業18時〜深夜1時　年中無休
電話0559（62）0684

梅邑BAR
沼津市上土町50
営業19時〜深夜1時　年中無休
電話0559（63）0248

その五

府中宿 之巻

箱根八里は 馬でも越すが 越すに越されぬ 居酒屋の関

東海道
居酒屋膝栗毛

東海道五十三宿十九番めの駿河の国・府中宿は現在の静岡市。

「駿河の府だから駿府、その中が府中」

「ああ腹へった」

「この不忠者！」

意味不明会話のまま、平成弥次喜多は旅のほこりを払い、市内・両替町の桜えび料理「えび金」に入った。鳥追女マチコが後を追う。駿河に来たら桜えびだ。

靴を脱ぐ掘りこたつ式カウンター、モダン和風のしゃれた店。ランチタイムも過ぎ、一段落のようだ。

「いらっしゃいませ」

膝を揃えて座る艶麗な女性は、女将というよりはママさんの雰囲気、黒スーツの開いた衿の胸間がまぶしい。

「桜えびは世界中で駿河湾しか獲れないんでしょう」

「そうなんです、よくご存知ですね」

府中

「だったら世界遺産に登録しなきゃ」

「あら、ほほほ」

「ママさんを申請会長にしよう、やっぱ美人の方が」

「あーら、ほほほほ」

「すみませーん、ビールください」

さっそくお追従の弥次喜多をさえぎり、マチコは自ら注文し話の腰を折った。

目の前で揚がった桜えびかき揚げのさくら丼は、香ばしい香りに濃いめのつゆがからみ、サクサクと大変おいしい。

「あーうまかった、世界遺産認定！」

「ありがとうございます。今夜は静岡にお泊まりですか」

女将はクラブもやっているそうで、夜はこちらにおりますと名刺をいただいた。若い娘をそろえ生演奏もあるという。

「茶店にいい男が寄ると、娘が今夜の泊まりを聞く、東海道も変わんないねー」

「フン、私は行かないわよ」

マチコはご機嫌斜めだ。

町は明るく人通りが多い。気候温暖、海山の産物豊富な静岡は何もしなくても暮らしよく、そのため何もしないのだそうだ。

「マチコは静岡でどこに行きたい？」

少し機嫌とらないとな。

「私、横丁行きたいのよ、おでん」

それは安上がりだ。静岡には、昭和三十年代に青葉通りに並んでいたおでん屋台を集めた、青葉横丁、青葉おでん街など四つのおでん横丁がある。静岡おでんは牛すじだしの黒いつゆ、食べるとき青海苔粉か魚粉をかけ、種はみな串に刺してある。店先にはいつも鍋におでんが煮え、串をわたす。

「昔は子供の買い食いおやつだったからだよー」

教える弥次は静岡の出身だ。

「弥次さんも買ったんかい」

「おいらこんにゃく専門」

ひねた子供だ。急ぐ旅でなし、昼間のうちにぶらりと歩いて横丁を見ておいた。夜はクラブか横丁か。

カラス、カーで日も暮れ、目当ての居酒屋「鹿島屋」に出かけた。日本橋の旅立ちから東海道府中宿に来たら、ここに入るのを楽しみにしていた。

数年前、『酒場』という写真集に写された静岡の古く情緒ゆたかな酒場に魅了された。おでん横丁や、しもた屋酒場の客やおかみが、皆いい顔をしている。居酒屋の空気をこれほど活写した

府中

写真は初めてで、写真には一点ごとに撮影日と場所が克明に記されている。写真に写っている店で、とりわけ「鹿島屋」で酒を飲んでみたい。私は静岡在住の著者、写真家・柴山健一さんに電話し、今もあると教わった。

繁華街をぬけた先、昭和通り沿いに、紺地に力強い筆太で鹿島屋と白抜きした大暖簾が下がっていた。さあここだぞ。

カウンターに座った。壁天井は新しいが厚い一枚板カウンターはまぎれもない写真のものだ。開店四時半にすでに数人客がいる。賄場には白衣の板さん三人が黙々と働き、実質本位の居酒屋の、混み始める前の快い静けさがいい。壁の品書きに目が止まる。

「おいら……空豆」

弥次がつぶやいた。線が細いぞ。頼み方を知らねえな。まあ見ておれ。

「まず静岡名物黒はんぺん。刺身は鰹とほうぼう、それにかわはぎ肝つきと活きやりいか。背黒鰯つくりももらっとくか。焼物は甘鯛一夜干に、鰻肝焼き一本つけて。野菜ものは新じゃががだな。後で鰹ハラモ焼頼むから取っといてくれ」

「へい、かしこまりました」

迫力の注文（？）に主人が勢いづいたように答える。どうだ、こうやるんだ。

「お、おいら、新生姜」

おいらの大量オーダーに弥次があわてたように追加した。

「私、真たら白子」

マチコも乗り遅れまいと声を上げる。では乾杯。ングングング……　ビールが喉をすべりおちる。

「この鰹、うまい」

「ほうぼう、最高」

「鰻肝いいねえ、新しい！」

「鰯よ、鰯」

右の会話においらの言葉はない。おいらの注文した皿はどんどん箸がとびかい、鰹はあと一切れ、鰻は終わった。コース計画をたて、落ち着いて酒と魚をじっくり愉しもうというおいらの目論見は減茶〳〵になった。

「空豆、食べていいよ」

いらんわ。自分のことしか考えないバチが当たった。次は一人で来よう。それにしても（一切れだけ食べた）鰹のねっとりしたコクは素晴らしい。壁に「鰹」と一字大書した額がかかる。写真家の柴山さんが名物は鰹と言っていた通りだ。ほうぼうの透明な旨味、追加した鰻肝はフレッシュそのもの、背黒鰯は新鮮はじけるようだ。

「このお店最高だわ。私もっと食べる。すみませーん、牛鍋ひとつくださーい」

〝七十年伝承の味〟と貼紙のある牛鍋は、目にもあざやかな真っ赤な牛肉が食欲をそそる。

「お、い、し、い！」

グッグツきたのに一箸いれたマチコの目がハート型に光り、一語ずつ力をこめ、両手こぶしを胸前でぐっと握った。

「私、魚より肉なの。京都着くまで肉は食べられないと思ってた。嬉しいわあ」

魚もけっこう食べてたけどな。まあいい、喜んでもらえりゃ何よりだ。

「弥次さんや、一杯いきねえ」

「喜多さんや、生姜を食いねえ」

「弥次さんや、やりいかくんねえ」

「へへへ、もうねえ」

てか。鹿島屋は創業昭和三年、静岡の酒飲みで知らぬ者はないという。五時を過ぎるや続々と客が来てもう満員だ。男三人組、男女、品のよいお婆さん二人は、ウーロン茶でカニサラダとあんこう鍋だ。

一日の仕事を終えここに座るのを最大の愉しみにしているらしき男が一人、いかにも満足げに天井に煙草の煙を吹くのは、柴山さんの写真そのものだ。良心的な店に人が集まり、皆が愛し大切にする。写真で夢ふくらませたとおりの誠実な居酒屋が脈々と続いていた。

うーい。ご機嫌で外に出てもう一度暖簾を拝み、ぶらりと歩き始めた。

すぐ先に、提灯形にでっかく「大村バー」と入れたネオンが夜空に赤く光っている。明滅しない今どき珍しい点きっぱなしのネオンだ。下の本物赤提灯には「かん酒、湯とうふ」、店名暖簾も大きい。戸を開けて驚いた。

広大な店内はカウンターがカーブしてうねり、向こうは広い座敷で、その奥にもカウンターがさらに右へ回り込む。相当古く、まるで大温泉ホテルのロビーのようだ。〝静岡といえば伝統の居酒屋　大村バー〟のちらしがある。極めて安直な値段だが酒は静岡銘酒・磯自慢しぼりたて。これはディープな雰囲気の店だ。

「私で三代目です。もう七、八十年にはなるでしょう」

土間のストーブに手をかざす主人が言う。

「太田さん、奥がすごい」探検に行ったマチコにつられ見に行くと、壁一面が岩風呂のようになり下の池には鯉が泳ぐ。店の中に池のある居酒屋は初めてだ。「おいらも見てくる」「落ちるなよ」一人ずつ奥に行ってはすごいなあという顔で戻ってくる。

「大井川の川止めをここで待つんじゃねえか」

府中

「ちげえねえ」

「こう降っちゃ、商売あがったりだ」

「オーイ、酒」

おいらの洒落に弥次は気づかない。

「そこな鳥追、ま、近う寄れ」

「なによ、急に」

マチコも気づいてくれない。ま、いいか。川止めでひまな雲助が鳥追女をからかう、ときめこんだがいつまでも油売ってはいられない。まだ行くところがある。

大村バーから歩いた、紺屋町の居酒屋「たかの」は写真集と何も変わっていなかった。時代を経た飴色の板壁、割竹の縁。写真をとったアングルまでわかる。

「創業大正十二年、この建物は戦後です」

三代目という主人は子供を抱いて写っていた。

「あの女の子は、お子さん？」

「あはは、そうです。もう二十五ですよ、芝居やってます」

あのかわいい子がもう大人で、静岡舞台芸術センターの女優さんなのか。初めてなのになじみの店に居るようだ。額入りの、山田五十鈴に似る澤の鶴美人画ポスターも写真にあった。近くで見ると画家は伊東深水《しんすい》だ。小上り座敷の床の間には大切そうに「大衆酒場」の扁額《へんがく》が飾ってある。

「あれは創業のもの。昔はどこも居酒屋じゃなく、大衆酒場って言ったんですよ」

徳利が三十本も入る昔ながらの銅の燗付器《かんつけき》がかつての繁盛をしのばせる。ここも写真集によく登場している。私は静岡の古い情緒を残す居酒屋、いや大衆酒場に腰を下ろし満足した。

「さーて、横丁行くぞ」

やって来たのはちゃっきり横丁の小料理「藍」。

「ごめんください、オ」

柴山さんが来ている。もしかしたら藍で、と電話で話してあった。お顔は本で知っている。初対面の挨拶をすませ隣に座った。柴山さんはお歳七十近いが赤いとっくりセーターが若々しく、上着のポケットには小型カメラが忍ばせてある。

およそ一坪半、極小店内の極小コの字カウンターはわずか八席。すでに満員だが柴山さんの待ち合わせとあって無理やり入れてくれ、はち切れんばかりになった。向かいの人の顔はすぐそこ。客みんなが新参の我々に興味津々だ。

「いらっしゃいませ、何にしましょう」

「ビール、かな」

ふーん、ビールか、と皆に知れた。

「おいら、酒」

こっちは酒かと知れた。

府中

「こちらの方は私の本を見て、その店に行ってみたいと電話くださったんですよ」

「ほう、どこ行きました？」

柴山さんの紹介にすぐ声がかかり、五分もしないうちにたちまち打ちとけた。

「その大村バーは池があるんですよ」

「たしか親父がレコード吹き込んだんじゃないか」

「そうそう、そんな事いってたわ」

右から、老舗のワサビ店社長、某放送局静岡支局、地場産業の家具問屋、安倍川もち専務、SBS静岡放送の部長。皆ここの仲間と柴山さんが小声で教えてくれた。某局の人は元プロ野球監督夫人に似た怖そうな貫禄女性だ。

「うちはみんなで同じ話するんですよ」

笑うママさんによると、ここはお客さんが皆このカウンターを気に入り、いろんな人といろんな話をするのが楽しみで来る。会社や仕事の関係でなく裸の個人で話ができるよう、一緒に来るのは一会社二人までのルールがいつの間にかできた。

楊枝で身を取る、きれいな巻貝「ながらみ」がおいしい。

「相良の海岸にこれが上がると、ザッザッと音がするんだ。そういえば赤ハンバもう出てたぞ」

毎日来る家具問屋の人は静岡の自然は何でも知っているそうだ。

「私はこんど、静岡に昔あった若竹座の復興芝居で、三浦按針《あんじん》の役をやるんですよ」

ワサビ店社長は静岡弁の勧進帳をやるのが夢という。柴山さんはにこにこともの静かに見ているのは、やはりカメラマンの目だ。

「静岡は温泉のようなとこ。人はのんびり型。だって、議論したって結論なんか出ないでしょ」

「そう、そうなのよ、ウチの会議だって」

家具問屋の意見をマチコがいやに力強く肯定している。

「静岡に、いいバーはないですか」

「ふーん。あなた、来るのが一ヶ月遅かったわね」

私の質問に某局女史が答えた。「リックス・カフェ」という素晴らしいバーが先月閉店したそうだ。

「オードヴィーがいいんじゃないの」とSBSがフォローする。「えび金のクラブはどう?」弥次のつぶやきに「なにそれどこ」と安倍川もち専務が膝を乗り出し、店のなかは話でいっぱいだ。

「よーし、やるか」

弥次が立ち上がりポケットから愛用のハーモニカを取りだした。♪ターラララ、ラー……、おなじみ映画『男はつらいよ』寅さんのテーマに続き、吹き始めたのは「ひなまつり」。

〽紅い毛氈敷きつめて
　お内裏さまは上の段

たちまち一同大合唱になった。この歳ならば皆、歌詞はすらすら出てくる。某局女史が率先して声を張り上げ、安倍川もち専務は立ち上がり指揮を始め、柴山さんはここぞとカメラを取りだした。

――まもなく桃の節句。静岡に春ちかし。

青葉おでん街はどこの店も、もう暖簾が入っていた。屋台だから閉店は二時、三時と勝手に思っていたが案外早く、マチコは残念そうだ。鳥追女に静岡おでんを食べさせたい。それならばよし、奥の手を出そう。

歩いて来たのは、近くの別雷《わけいかづち》神社境内の外に並ぶ十軒ばかりの屋台街。ここの一軒「おとうさん」は朝までやってると柴山さんに教わった。

ビニールシートで囲んだ屋台の丸椅子に腰を下ろした。ジャパンポップスがガンガンかかっている。

「ふうん、黒いのね。でもしょっぱくないわ、むしろ甘いかしら」

コンニャクの串を手にマチコが不思議そうだ。

「太田さん、これおいしいわよ」

マチコがすすめるのは塩ホルモンだ。

若いのう。こんな夜中にホルモン焼を食べられる。弥次喜多も五十の坂。年寄りに長旅はこたえる。

「弥次さんや、腰はどうかね」

「もういけねえ、膏薬貼ってくれい」

不景気な会話をよそに、鳥追女はスタミナをつけたようだった。さあて、本日のシメにしよう。

ＳＢＳの部長に教わったビル八階のラウンジ「オードヴィー」は夜景が見え、ゆるやかにカーブするカウンターに深い椅子が並ぶ、華やかな大人のバーだ。

「いらっしゃいませ」

真っ白なタキシードシャツに蝶タイ、押出しのよいマスターは血色よく笑みを絶やさない。

「私はウオッカトニック」

マチコの定番だがたまには変えてやりたい。棚にレモン風味のウオッカ「リモーナヤ」がある。

「リモーナヤで作るのはどうですか」

「あ、おもしろいですね」

マスターはすぐ反応した。

「……僕はレモンチェロが好きなんだけどな」

「ありますよ」

「え、あるの！」

レモンの皮を世界最強九十六度のウオッカ「スピリタス」で漬けたレモンチェロは、梅酒のように自分で作って楽しむものだ。本場はレモンの島シチリア。この頃日本でも少し見かけるようになった。私は最近これにぞっこんだ。

「よくあるねえ」

「よくご存知ですねえ」

客とマスターが感心しあっている。

とろりと冷えたレモンチェロは甘く、レモンがむせ返るようにおいしい。百パーセントに近いアルコールがレモンのエキスを完全に吸い取るのだそうだ。

「レモン皮がぺなぺなの板のようになります」

カウンターに立つ奥さんのお手製だそうで、にこにこ嬉しそうだ。回し飲みした弥次、マチコもしきりに感心している。甘いが四十度位はあるのだぞ。

「リックス・カフェってどんな店？」

何気なく声をかけると、マスターは真顔になった。

リックス・カフェは静岡に十六年続いた名バーで、静岡のバーテンダーの指導者・中野忍氏にほれ込んだある人が彼のために作った店だったが、この一月半ばに閉店した。最後の日はファンや彼を慕うバーテンダーが東京からも集まった。七十歳の中野氏は酸素ボンベに車椅子で客を迎え、もうシェイカーを振ることは出来なかったが満足そうだったという。翌日から店は取り壊され、数日後すべてがなくなったのを聞き、忽然と世を去った。

「先週が告別式でした」

「……どんな方だったんですか」

「技術はもちろんですが人柄が素晴らしく、カウンターに、こう手を置いて、客が楽しんでるのを本当に嬉しそうに見てました。あんな人はもう出ないでしょう」

マスターはちょっと胸を詰まらせたようだ。藍にいた某局女史の言うように、ひと月早く来れば入れたのかも知れない。旅は出会いとすれ違い。おいらはレモンチェロを静かに含んだ。


翌日は快晴、青空に富士山がくっきりと姿を現した。

「いい天気だのう」

「とろろ日和だのう」

そんな日和があるかいな。府中の次は丸子宿。丸子といえばご存知、

梅若菜丸子の宿のとろろ汁　　芭蕉

「ミスワカナ、島ひろし」全く意味のない弥次のつぶやきは無視。街道に立つ、わらぶき屋根の「丁子屋」は広重の絵そのままの風景だ。
——ずるずるずる
二日酔いにこれほど良い昼飯はない。「愚図はいけねえ、とろろはせっかちにかっ込むからうまいんだ」弥次の食べっぷりがいい。黙ってつき出すおかわり茶碗に、「あいよ」とお櫃の麦飯

府中

を盛るマチコは、かいがいしい連れ女房のようだ。
ああ、食った。店のちらしでも見るか。なになに。

　　在原業平の詠める
駿河なる宇津《うつ》の山辺のうつつにも
　夢にも人に逢わぬなりけり

この先の難所、宇津の谷峠・蔦の細道をひとり行く心細さを歌っている。
「弥次さんや、返歌をひとつ」「よおし」

　梅の香に出会う細道とろろ汁

「いいわねえ」よしおいらも。

　梅の香を小鉢に添えてとろろ汁

「きれいねえ」
……静岡には、もう春が。

府中

鹿島屋
静岡市上石町7・15
営業17時〜23時
日曜休
電話054(252)3989

藍(ちゃっきり横丁)
静岡市両替町2・3・4
営業17時30分〜23時
日曜・祝日休
電話054(273)0823

その六 藤枝宿之巻

旅ゆけば〜　駿河の国に
茶の香り　お酒《ちゃけ》の香り

東海道
居酒屋膝栗毛

江戸から五十里。藤枝《ふじえだ》宿は季節まさに、藤まつり。

「喜多さんや、いい時に来たねえ」

「期待してるぜ」

「マチコ、この中に洒落が二つあるのがわかるかい」

「？」

鳥追女マチコは洒落が苦手だ。

「そんなことより、きれいねえ」

爽やかな五月晴れの下、やってきた蓮華寺池公園の藤は真っ盛り。藤棚から垂れる紫や白の房は長いのは肩に届き、香水ヘリオトロープの甘い香りが鼻をつく。

「藤の花なら『次郎長三国志』だ」

「え、なにそれ？」

映画『次郎長三国志・海道一の暴れん坊』で恋人をのろける小政（水島道太郎）に、石松（森繁久彌）は「どんな女だ」とふざけて斬りかかり、かわした小政は、小川にかかる藤の一房をひらりと斬り落として手にさげ、「こんな女さ」と答える。

「いいねえ、色気があって、涼しげで」

池を巡る棚の下は、家族連れや女同士がシートをひろげ、お弁当に缶ビール。藤枝で花見は藤のことだそうだ。小汗をかく陽気にマチコはハンカチを出した。

「藤の花アイスクリーム、食べない？」

そうさな。でもほんとに入ってるのかな。

「ちょっとですけど」

女店員は正直だ。藤の香りのアイスだった。

藤枝の旧街道は上伝馬、下伝馬に分かれ、上り下りの伝馬継立をした。往時、人足も馬も宿場から宿場までとされ、問屋場でリレーされた。広重《ひろしげ》の浮世絵にその様子が描かれている。

絵師・亀画堂こと弥次は地元藤枝の生まれだ。

「本陣は目と鼻の先よ」

「へー、先祖は広重に会ったかも知れねえ。いや、そもそも弥次の絵の才は広重落とし胤《だね》かも」

「おいらこそ広重の生まれ変わりなり」

まんざらでもなさそうだ。

「ここらに同級生の眼鏡屋があるはずだ。かみさんはたしかミスなんとかだったたな」

それはお会いしたい。あったあったと「パルつちや」に入ってゆく。喜多とマチコは店の外からお辞儀だけしたが奥様の姿は見えない。この白子町は今夜、藤枝パープルフェスタのパレードがあるそうだ。

「同級生がうようよいるんじゃないの」

「面が割れるといけねえ」

弥次は凶状持ちよろしく目を伏せた。

「創業明治九年・各宗御寺院御用達・仏壇仏具香神具かなわや」「いろは堂印舗」「銘茶椎茸海苔とうめ屋」古い看板が街道をしのばせる。藤枝名物サッカー最中もある。鋸《のこぎり》目立・包丁《ほうちょう》鋏《はさみ》研ぎ・鍬《くわ》柄入れ先がけ・松永刃物店の店先に並ぶいろんな鍬の、白木の新しい柄がまぶしい。

「この辺は、久能山東照宮造営に集まった職人が、そのまま残った職人町だ」

今日はガイドがいて楽だ。古格のある飽波《あくなみ》神社から向かいにぶらぶら入歩いた細道角の「酒房ベラミ」という古びた小さな一軒家に目が引き寄せられた。煉瓦と鉄平石の昔のモダン感覚が洒落ている。玄関脇の切り文字店名「Bel'ami」もいい。

「弥次さん、いい店あるじゃない」

「昔っからあるが、入ったことはないな」

しかし、いささか朽ちた様子ははたして今もやっているのだろうか。立ち去りがたく見ていると向かいの蕎麦「岩井屋」から人が出て来たので尋ねた。

「やってますよ、でも開くの遅いですよ、八時頃かな」

藤枝

ようしいいぞ、今夜来よう。喜んで礼を言った。

その先で幅六、七メートルもある大通りに忽然と出た。正面はT字路、左右に元妓楼《ぎろう》らしき大きな木造二階家が数軒並び、濃厚な空気が漂う。

「ここは……、昔の遊廓？」

「そう、新地。ここに大門があった」

「へー、弥次さんも登楼して遊んだんかい」

「まさか、おいらその頃まだ子供だよ」

宿場宿場に遊廓あり。

「昔はよかったなあ」

「フン、男は勝手よ」

「藤枝一の花魁《おいらん》マチコ、傾城《けいせい》の色香は男を狂わせたという」

「いいわねえ」

どっちだ。

昼、東海道線藤枝駅に降りた時はなんだか特徴のない町と思ったが、駅前から離れたこの旧街道あたりは断然おもしろい。今夜が楽しみだ。

五月晴れのお天道様も、西に傾いて夕焼けとなり、カラスと花見の家族はお家に帰り、おいら達はお出かけタイムとなった。

目指すは新地。大門口から大通りに入った。弥次は浴衣に半纏、雪駄の金鋲《かね》がチャラチャラと鳴り、気分は廓《くるわ》のひやかしだ。さっそく脂粉濃い遊妓が千本格子から覗き、やり手婆が「お兄さん、よってらっしゃい」と声をかけ……、てはこない。数軒の他は今は建て替わり空地もあって、ひっそりした様子だ。それでも出口には「新地横丁」と看板が上がり五、六軒小さな飲み屋が並んでいる。

「端の『パヒューム』は同級生の店」

「へー、どんな?」

「カラオケスナック、マスターはめちゃ歌うまいよ」

「顔ださないとまずいんじゃないの」

「行かねえよ」

にべもない返事だ。

まずは正面T字つき当たりの「洋風居酒屋・清加和」に入った。畳の小上がりもある和風の店内に、カウンター前のオープンキッチンは洋食の設備だ。

「元は鰻屋でしたが、主人が洋食をやったので」

エプロン姿の若奥さんは雰囲気が初々しい。メニューには〈天然帆立のドリア、レバーパテ、鴨のコンフィ……〉もちろんワインもある。これはいいぞ。注文を終えると主人は、ようしとばかり料理にかかった。

こんもり盛られた生シラスに生海苔を添えた突き出しに、冷えた白ワインがよく合う。オードブルにとった自家製スモークサーモンとピクルスは味よく、量もある。添えられたトマトがまたとてもおいしい。地物で最近良くなったのだそうだ。

「太田さん、これおいしい!」

マチコの注文したトマトと茄子のグラタンは溶けたチーズがたっぷりからみ、トマトは酸味甘味がフレッシュに強調され素晴らしい。思わず二口三口。返してよー、とマチコはやきもきだ。弥次さんはホヤの三杯酢で地酒・志太泉の冷やをグビリ。故郷にいる安心感が、せかせか食べる気持ちをなくさせているようだ。

「ご主人は小学校どこ? え、第二。おいらと同じだ。何年? じゃ弟と一緒か」

「僕は早生まれで一つ上」

たちまち地元の顔になる。

昔の遊廓の話になり主人が、こんなものがあるんですと持ってきた「藤枝文学舎を育てる会作成・大正期の新地」見取図が大変面白い。大門があって、大通り中央に桜並木が続き、両側は伊織屋、山泉屋、長盛楼、清水屋など遊廓が並ぶ。出口には柳と稲荷神社。その周りを、芸妓置屋、料理屋の三業のほか、病院検査場、日舞、髪結い、銭湯、人力車屋、射的、玉突き、おでん、寿司、天ぷら、カフェー等々がぎっしり埋める。酒房ベラミを尋ねた岩井蕎麦屋、創業大正十一年と看板にあった戸塚豆腐店は今と同じ場所だ。

「ここが元の家です」

主人が「清加和うなぎ」とあるのを指さした。昼間歩いたので一帯は相当広い事がわかる。写真もありますよと壁の額入りを見ると、桜は裸木立で撮影は冬のようだ。奥に冠木門《かぶきもん》型の大門が見える。

「日の丸提灯が並んでますから、戦勝記念か何かの日ですかね」

往時の新地の華やかな賑わいが浮かぶ。

「弥次さんや、昔に生まれたかったのう」

「まったくだ、枕絵売って遊び賃かせぐ」

「おいらは黄表紙、マチコはどうする？」

藤枝

「おさんどんで結構よ」

「いなせな遊び人が、おまちちゃんのお新香はおいしいねなんて言い寄る」

「いいわねー、お新香は得意なのよ」

「あははは、皆さんは何やってる人ですか」

「いや、あのその」弥次がもそもそ答えた。

おいしいオニオングラタンスープと、まぐろほほ肉香草焼をいただき清加和を出た。

酒房ベラミはまだ閉まっている。夜はこれから。あわてる事はない。

腹ごなしに白子町に行くと丁度パレードが始まっていた。大通りを、揃いのTシャツや長い鉢巻きのユニフォームの色んな団体が、次々に踊りながら繰り出して行く。ディスコサウンドのリズムに乗って盛大に腕や腰を振り回すジャズダンスでなかなか激しい。女性が多く、とりわけ太目もまじった中年おばさんのパワーがいっぱいだ。ラテン調のテーマ曲「パープルシャワー藤枝」はノリが良くうきうきしてくる。

「マチコ、踊りたいんじゃないの」

「うん」列には入らないがその場で軽くステップを踏み、やはり若い。

「えー、らっしゃい」

呼び声に振り向くと、昼会った弥次さんの同級生、「パルつちや」のご主人が黄色のはっぴで鉄板の焼きそばをひっくり返している。

「売れますか」

「もう、ひまっせい」

一皿買ってパクついた。

「一軒、寄ってい い？」

弥次について行くと酒屋の奥の「八〇酒場」に入った。藤枝の呑兵衛のたまり場と言ってた所だ。

「おー、待っとっただに」

いっせいに声が上がった。なんと弥次の同級生やその知り合いらしきが五、六人集まっている。

「さあこっちこっち」訳のわからないうちに座らされ、もうビールが注がれた。

「いつも村松先生にお世話になっております」

編集者マチコは殊勝な挨拶をしたが静かに聞かない。

「だれが先生や」

「何を世話しとるだに、こんな美人に」

「ほれビールビール、うわはははは」

「うわははは」

ものすごーく賑やかだ。「いっつもこう」弥次がおいらに耳打ちし、「人の話なんか聞いてないよ」と付け加えた。

「ここの店の名は何と読むんですか」

藤枝

「みんなハチボシと言っとるだけんな」

トイレに立ったときに聞いた店の主人によると、大正初めに東京芝の酒屋で奉公を終えた父が、外国航路の船に乗り八〇円の資本金を貯め、八〇の屋号で始めた。地元にハチマル醤油という大きな会社があるのでハチボシと読むことにした。「すぐヤマル」と悪口を言われたが、五里四方を自転車で配達してがんばった。この酒場は昭和三十年からということだ。

「わはははは」

戻るとなお爆発的に盛り上がっている。

「もう行かず」弥次が立ち上がった。

夜九時を回ったが酒房ベラミはまだ開かない。

「どうすべい」

「ついてきな」

弥次は近くのスナック「シクラメン」に入った。

「藤枝名士の集まるところ」

ふうん。カウンターとソファの小さな店は、手作り小棚や紙細工ミニ照明の洒落た落ち着ける雰囲気だ。ジントニックがおいしい。サイモンとガーファンクルの「サウンド・オブ・サイレンス」が小さく流れる。

「私が初めてボーイフレンドと出かけ、銀座で立ち見で観たのが『卒業』なの。この曲は忘れないわ」

　マチコは遠くを見つめる目だ。

「彼とはその後、どうなったの」

「うふふ……」独身マチコは答えず、ウオッカトニックのグラスを回した。

　十時を過ぎてもベラミは開かず、今日は休みらしい。残念だが仕方がない。あきらめて、戸塚豆腐店前の居酒屋「ちくりん」に入った。

　大皿料理の並ぶカウンターに腰を下ろしビールを飲んだ。筍《たけのこ》と豆腐の煮物がおいしい。こんな時間に来た見慣れぬ客に主人は何か話したそうだ。

「筍うまいですね」

「うちの庭のですよ」

　ご主人はこの地になんと二十六代続く家柄で、爺やと呼んでいたひい爺さんは、幕末、東海道を肩で風を切って行く新撰組を見たという。

　これも家の庭で採ったという蕗《ふき》がおいしい。庭というが持ち山のようだ。問わず語りにベラミは休みかと聞いてみた。

「スナック・ジュンかな、電話してみますよ」

　意外な展開だ。

「ああ、杉山です、ヤイッチャンいる？　もしもし、お客が開店まだかって待ってるよ」

藤枝

ベラミのマスター、中村八一チャンは結婚式場平安閣で司会のアルバイトをしており、今日も今終えて、これから店に出るところだそうだ。よその店のことを聞くのは申し訳ないが助かった。これから開けるのなら安心だ。もう一本酒を追加した。

暗闇に明かりの灯る酒房ベラミは五十年代のアメリカ映画のような雰囲気だ。店名文字に当たるスポットライトがいい。ドアを押すとヤイッチャンがにっこり笑った。

長いカウンターに座った。後ろのボックス席はほとんど使われていないようで、店内の古くさびれた感じはハードボイルドでもある。シャンデリアが下がり、天井のはげかかっている所もあるが、そんなことは意に介さないようだ。前の棚には酒瓶と並びモデルガンやお面、人形などが雑多に飾られている。黒いスタンドカラーシャツに黒皮ベスト、殺し屋スタイルのマスターは若く見えるがお歳のようでもある。

「どうもすみませんでした。アルバイトが入りまして、着替えるとこの時間なんですよ」

司会をしているだけあって滑らかに話が進む。ジントニックをキューーッと喉に入れた。

「ここは何年の開店ですか」

「昭和三十年です。三十三年四月一日の売春防止法施行を見越して置屋を転業するんだが、バーをやらないかと持ちかけられましてね」

マスターは昭和九年生まれの、今六十七歳というがとてもその歳に見えない若さだ。声の張りは私より若いかも知れない。戦後、学徒援護会の寮に入り苦学した大学在学中に、新宿のバーでアルバイトをしてこの仕事を覚えた。文化服装学院の女学生がよく来た。卒業して帰った藤枝にバーの仕事をできる人はなく、それで声をかけられたそうだ。

「昼はコーヒー、夜はバー。この辺でこういう店は初めてで、まだ遊廓のあった三年間は奥の遊妓と客が手に手をとって、時間制で並んだほどはやりましたよ」

「名前がいいですね、やはりモーパッサンの」

「それもありますが……」

開店にあたり宣伝をかね名前を公募することにした。一等景品はコーヒーとケーキ一週間分。山のように集まった中に「ベラミ」が二通あり、どちらも当時芥川賞をとった石原慎太郎の小説『太陽の季節』に登場するヨットの名からと説明がついていた。

——兄弟は例年通り、ヨットの名を書く段になって口論した。彼等は毎年船の名を変えるのだ。(中略)結局順番で今年は道久が、フランス小説家の紀行記から借りてきたBELAMIに決められた。

「ベラミ? ベランメー、まあ良いや」

竜哉は承諾した。(『太陽の季節』)

「小さな店ですから、船出にヨットはふさわしいと思いましてね。以来航海続けて四十六年、ははははは」

藤枝

かつて映画のロケで来た小林旭も訪れ、客のランニングシャツにサインしたそうだ。マスターは藤枝東高校の時、応援団を作り初代団長だったという。声の張りはその頃から鍛えられているのだろう。

おかわりのブラディマリーがうまい。

「子供の頃、一度ここに入ってみたいと眺めてたんだ」

しみじみと店内を見ていた弥次が、ぽつりとつぶやいた。


一夜あけて本日も快晴。昨日はあれから「パヒューム」でカラオケになった。ハチボシの面々はここに移っていた。同級生のマスターは私のリクエスト、三橋美智也ヒットパレードを心を込めて熱唱し、誰かがセロリを振り回して踊った。

天気もいいし旧街道を歩きましょうとマチコの提案で、島田の大井川・川越遺跡を見に行った。高い松の下に復元された川越宿が往時をしのばせる。

大井川の土手に立つと広々と空がひろがった。東海道線鉄橋を長い貨物列車がゴトンゴトンと渡ってゆく。そのまま整備された河川敷を歩き、世界一長い木橋・蓬萊橋に出た。全長八百九十七メートル。有料大人五十円、子供十円、定期もある。

こつんこつん。幅一間、低い欄干、徒歩と自転車だけの素朴な木の橋は自分の足音が聞こえる。子供連れの夫婦、老母の手を引いた息子、若いカップルたちが、橋を歩くためだけに歩いている。

「いいわねえ、のどかで」

マチコはピクニック気分で嬉しそうだ。

渡り終え、えっちらと山を越すと、よく整備された一面の緑あざやかな茶畑がひろがった。ここ牧ノ原台地は、江戸幕府最後の将軍徳川慶喜を護衛してきた幕臣が、廃止された大井川川越えの人足を集め、大変な苦労をして開拓した。下の蓬莱橋も危険な小舟渡しを避けるため架橋を願い出て、明治十二年に完成した。今は茶処静岡の約三割を生産し、銘茶やぶきた茶の名は全国に知られている。

新茶のよい香りが鼻をつく。そろそろ一番茶の摘み取りも始まるそうだ。山越えに音をあげ、遅れた弥次もようやく来た。

「弥次さんや、いい眺めだねえ」

「日本一さ、ふー、くたびれた」

「旅はいいわあ」マチコが続ける。

〽はあ――
藤はむらさき　新茶はみどり
山のみかんは　山のみかんは黄金色
ふんとにそうだに　そうだによ

藤枝

藤枝音頭で踊らずよ　ソレ踊らずよ
弥次の歌声が朗々と茶畑を渡ってゆく。

清加和
藤枝市藤枝4・8・3
営業17時～22時　日曜休
電話054（641）0124

ちくりん
藤枝市藤枝4・2・21
営業18時～22時　日曜休
電話054（643）0312

※「ベラミ」は平成十四年惜しまれて閉店しました。

その七
浜松宿之巻
天竜渡れば　浜松の夜
うなぎ娘が　お待ちかね
東海道五拾三次之内
濱松
亀画堂
東海道
居酒屋膝栗毛

〈水上は雲より出でて鱗《うろこ》ほど　なみのさかまく天龍の川
此川は信州すわの湖水より出《いで》、東の瀬を大天龍、西を小天龍といふ〉

「どうだい。山高い信濃に水源を発し、龍の鱗のごとく波が逆巻く。その諏訪の先がおいらの故郷松本だ」

本家・十返舎一九『東海道中膝栗毛』を開いた、喜多八の故郷自慢を弥次も鳥追マチコも聞いていない。

「あー、疲れた」

「マチコも〜」

それもそのはず、ここは江戸に六十里、京に六十里。東海道の真ん中、ふりわけの地だ。長旅も半ば、精も尽きてくるころ。今日は真夏の土用丑。まもなく浜松。

「うなぎ！　鰻っきゃねえ」

「マチコも〜」

浜松といえば泣く子も黙る、オヤジもにんまりの鰻の産地。しからばと老舗「大國屋」の暖簾をくぐった。

「特重だ」

最高級の特重は二千四百円。おいらは胸を張った。

「おれは……、うな丼でいいや」

「マチコも～」

二人とも案外に欲がない。うな丼は千五百円だ。

乾いた喉に冷たいビールが爽快に滑り落ちてゆく。

ングングング……

「ぷはー、たまらんな」

「マチコも～」

「……なにか他のこと言えよ」

「だってもう、あづくてあづくて、私暑さに弱いのよ～」

まあいいか。鰻が届きそれぞれ蓋を開けた。特重は蒲半身が三つ。うな丼は二つ。おいらは蒲焼三つのうち一つを二人に分け、結局みな同じになった。

「あー、食った。浜松名物鰻尽くしか。うなぎ羊羹、うなぎそば……」

「うなぎサラダにうなぎ風呂。うなぎ音頭でうな踊り」

「あー、くねくね」

ほれ、マチコも踊れと弥次が腰を振る。明らかに精がついてきた。

とは言っても浜松土産ベストワンは、不滅のキャッチコピー〝夜のお菓子〟で知られる「うなぎパイ」だ。

市内目抜き通りの春華堂は百二十年続く老舗だ。名物うなぎパイは昭和三十六年、浜松市が夜の観光都市〈夜の町〉として売り出すことになり、〝夜のお菓子〟として先代が考案したのだそうだ。その後「朝のお菓子・すっぽんの郷」「昼のお菓子・えび汐パイ」も誕生。いずれも浜名湖の幸を取り入れているのがミソである。

「朝・昼・夜とそろいましたから、後は真夜中だと」

と、考案された最終弾が、ブランデー入り、その名も「真夜中のお菓子・うなぎパイVSOP」だ。

サクッ。

レギュラー（？）に較べると濃厚で、鰻の粉も多いような気がし、ほのかにブランデーの香りがする。

「これは……、ききそうですねえ」

「ありがとうございます。中年の方には特に御好評いただいております」

誰への土産かマチコはお徳用袋入りを買った。

わらじを脱いだ駅隣のホテル「アクトシティ」はあたりを圧する高さ四十五階のタワーだ。部

浜松

屋の窓から浜松市が一望、昨日までの安旅籠とはえらい違いだ。広々とした総大理石のロビーにおりてきたマチコは「こんな素敵なホテル初めて、タオルが六つもあるわよう」とご機嫌だ。

今夜の最初の店は決めてある。浜松に行った友人が名店を見つけたと教えてくれた「貴田乃瀬」だ。

「ただし、すごい頑固主人」

主人の創作料理はどれも見事なものだが、客の頼んだ酒に時折、いやこれにはこの酒の方が合います、と進言するそうだ。逆に料理を決め、これに合う酒は？　と尋ねると大変喜ぶという。

「おれ、そういうのやーだな」

弥次はそっぽを向く。

「こわい人かしら」マチコも不安げだ。まあ心配しなさんな。おいらとて居酒屋かよってン十年、頑固親父なぞ慣れたもの。

「今夜は私にまかせなさい。君たちはおとなしくしているように」

予約を入れ開店六時きっかりに暖簾をくぐった。店内は座敷とテーブル席いくつか。正面の小さなカウンターで作務衣姿の主人が黙々と包丁を使っている。その顔はまさに頑固を絵に描いたようだ。私はためらわず進み主人の真正面に座った。初めての店でわざわざ目の前に座る客はあまりいない。いらっしゃいと小声で言った主人は、じろりと私を見た。今だ。

「どうも、予約した者です。先週友達がここに来て素晴らしい店と教えてくれ、楽しみにしてたんですよ」

「…それはどうも、……どちらからですか」

ほら、口を開いた。黙ってないで喋るに限る。物おじせず先に心を開いてしまえばいいのだ。

「東京です、さっき着いたばかり。あー腹へった、ここはコースだけですか?」

「いや、一品からありますよ。おーいメニューお出しして」

「はいはい、ただ今」

大きな丸眼鏡に、白ブラウス、紺のエプロンの美人若奥さんがおしぼりと一緒に持ってきた。頑固丸出しの主人を助けるように「まあまあ御遠方から」とにこにこ声をかけ、マチコは少し安心したようだ。

フォアグラの焼鳥風、黒豚の黒胡麻煮、アサリの粥蒸しバジルソースかけ……。とりあえずビールを頼み、ひろげた品書きはよくわからない品もある。しかしここで慌ててはならない。じっくり検分し、この客何を頼むのかと気を持たせるのも大切なのだ。注文は任せろと言われた手前、弥次とマチコはセキとして声もない。やがて私は重々しく顔を上げた。

「鰹の野菜盛りと、鴨のあぶり焼を願います。酒は合うものをお任せします」

「はい、わかりました」

ふうー。男は度胸、注文は勝負。居酒屋放浪人の意地だが肩が凝る。

ングングング……

注文の大事業（？）を終え一同ホッとしたようにビールを飲んだ。

ほどなく届いた「鰹の野菜盛り」は厚切りの刺身に、細かく刻んだ野菜が砲弾のようにうず高く盛り上がる。鰹一切れに野菜をたっぷり載せ、手でおさえながら醤油をすこしつけ口に入れた。

透明感と旨味のある鰹に薬味野菜が青い香りと噛み心地をつけ、コリアンダーもかすかに匂う。和風でもタイ風でもない、あえて言えば海山の、漁&畑の幸とでもいおうか、間違いのないものを食べている安心感もあり大変うまい。

最初にと奥さんが持って来た酒は久保田の本醸造のようだ。この料理にはもの足りない。私は顔を上げた。

「これではなくて」

マチコが、ああ、言っちゃいけないことを言い出した、と凍りついたような表情になった。

「では何を」

私を見る主人の顔が険しい。

「吟醸酒にしてください」

わかりましたと主人は奥に行き、ほどなく一升瓶を大切そうに抱えてきた。

「初亀大吟醸、店で二年寝かしました」

「地酒ですね」

初亀は静岡の酒だ。

ツイー。

初亀大吟醸特有の殿様的豪華さが落ち着きに変わり、腰の据わった奥深さとつやが備わってきて大変よい。二年寝かせ古酒にした成果がよく現れ、素朴な勢いと繊細さを併せ持つ料理にこれで華やかさがついた。

と、感想を言うと主人はあごを二度引いた。「古酒をわかってくれる人が少ないんですよ」。ニコリともしないが、この客、こういうことが好きだな、と腹で思ったらしい。載せた野菜は、浅《あさ》葱《つき》、茗荷、姫三つ葉、人参、貝割れ、小赤蕪《かぶ》、岡ひじき、コリアンダーなど十一種。栄養的にも満点だろう。

「鴨のあぶり焼」はスライスした中は真っ赤なのに生ではなく、ちゃんと火が通っているのが不思議だ。

「真空調理器を使ってみたんですよ」

気圧の低い富士山の頂上では七十度でお湯が沸くように、これを使うとこうなるのだそうだ。

「こーら旨い」「ほんと！」

黙っていた弥次とマチコがこらえ切れないように声を上げ、次々に鴨を口に運ぶ。主人の手前、行儀よく食べねばと、まず鰹をきれいにしていた私は慌てた。

「ちょっと残しといてよ、この三切れは俺の！」

箸でおさえると主人が笑った。頑固親父が笑った。頑固者はそのこだわるところを認めれば心を開くのだ。合わせた酒「義侠平成八年古酒」も申し分ない。

筒切り青葱と赤ピーマンのあしらいが美しい「赤いかの煮付」（大分・鷹来屋槽しぼり大吟醸）、「黒豚の黒胡麻煮」（愛知・義侠十六年古酒）、「アサリの粥蒸しバジルソースかけ」（福井・黒龍吟醸）と続き、料理と酒の相性を味わう。こちらは主人が酒は何を持ってくるかと期待し、主人は我々がどんな顔をするか見ている。また、水玉青切子ガラス、九谷焼瓶子《へいじ》、透明極薄ガラスの瓢徳利、金粉に瑠璃の豪華アールヌーヴォー吹ガラス、と酒に合わせ次々に替える酒器がまた楽しい。「大古酒は土のものが味をひきたてます」という主人の意見は誠にその通り。「きれいねえ、おいしいわ」マチコは夢見心地だ。

「こういう店で塩辛頼んじゃいけないのかな」と聞こえよがしの弥次の独り言に「いえ、ぜひ」

と出された鰹酒盗は、複雑なコクと匂いが玄妙な旨さだ。

「ゴルゴンゾーラチーズと漬け込んだんですよ」

「これ全部俺の」と弥次はかかえこんだ。

圧巻は、今日は三重沖の鯖という「しめ鯖」だった。主人はしめ鯖にとりわけこだわりを持つようで、いったん外側だけ冷凍させてカルシウムを塗り、浸透圧でナントカカントカ。もはや我々には何のことかわからない。ようし。

「ご主人、これは僕に酒選ばせてくれる?」

「いいですよ、どうぞ」

「雑賀《さいか》」

「うん! このしめ鯖は天然岩塩と、雑賀の酢を使ってるんですよ。雑賀よく御存知ですね」

和歌山の蔵・雑賀が酢も作っているとは知らなかったが、今人気急上昇のこの酒は、去年の正月、グルメ雑誌『dancyu』の注目新勢力日本酒利き酒会で、私が一番に推し一躍その名を上げた(と私が言う)酒なのだ。でもそんなことはおくびにも出さず、もっともらしくあごを振った。

早速奥から主人が手にして来たのは、なんとにごり酒だ。

「雑賀に、にごりがあるんですか!」

私の驚きに主人は満足げだ。うーむ、やるのう。……お互いに。

浜松

「あー旨かった」

外に出て腹をたたいた。「フォアグラの焼鳥風」も「トマトと野菜の冷たい炊きあわせ」も、我々はどんどん食べた。「しかも、安いのよ!」勘定を済ませたマチコは目がきらきらしている。

「でも……」

「何だ?」

「……太田さんもよく言うわね」

「……う、ウム」

面目ない。力んでいたのはおいらだけだった。

さあて。

千歳町、鍛冶町界隈が浜松の飲食街だ。夏休みに入った地方都市はあちこちに若者がたむろし、座り込む。

「夜の町・浜松、か」

「浜松といえばステッキ芸者」

「何それ?」

マチコに聞かれてもよく知らない。連れて歩くんじゃないの、弥次が適当に答え、若い娘たちを見た。

「近ごろは、顔は今いちでもみんなスタイルがいいねえ、丸くて細くて、ナヨッとして」

「浜松名物、うなぎ娘」

「ああ、浜松の〜、うーなーぎむうすうめ」

岡晴夫の「東京の花売り娘」はご機嫌な時にとび出す定番曲だ。酔っ払った我々は、らせん階段を上がるバー「ストーリー」に入った。

キュー。

冷たいジントニックがうまい。気さくな感じのマスターはスキンヘッドだ。何か話しかけてみよう。

「浜松のうまい鰻屋はどこ？」

「うーん……、これが難しい質問なんですよ」

明治十二年に始まった鰻の養殖は淡水魚養殖の最も優れた技術となったが、現在浜松はスッポン養殖も盛んになり、鰻は台湾・中国産の輸入品に苦戦しているという。

「国産一本千八百円、台湾三百八十円。これじゃ無理です。味だってどれだけ違いの判る人いますかねえ」

お父さんが養鰻業をしていたというマスターの言葉は説得力がある。天然鰻は全漁獲量の五％ほどだが、正しい飼料ならば養殖の方が旨いそうだ。

「鰻がおいしく育つ条件を持った川は、日本にはもう無いんです。珍しさの価値ですよ」

そうかもしれない。

浜松

「まあ、名物を食うのが旅の心意気だからな」

「あしたはスッポンにすっか」

「スッポンなら京都の老舗『大市』がある」

「それまで、おあずけー」

次いで入った向かいのバー「クラシック」は、キャビン風の内装が落ち着く。シェイカーに左手の中指をそっと添え、慎重に注がれたマルガリータは、明快に清々しく大変おいしい。BGMのボサノバが心地よく、常に手を前に重ね立つ感じのよいマスターにすっかりくつろいだ。

「なんか、また腹へらない」

そういえばそうだ。あれだけ食べたが、きっと胃にもたれぬよう消化が良いのだろう。それではと、ビル二階の居酒屋「楽」に入った。靴を脱いで上がるお座敷カウンタースタイルだ。野菜をとらねばと「ほうれん草玉葱サラダ」を頼むと、油にニンニクを放ったいい匂いがしてきた。その熱いソースと和え大変おいしい。

「オリーブオイルとニンニク、バルサミコ酢、ちょい醤油、それだけですよ」

作り方を尋ねたマチコはさっそくメモをとる。

「こりゃあいける！」

弥次の頼んだ「イカの塩辛ソース焼」は、刻み青葱てんこ盛りに濃厚なワタの香りがむせるようだ。

「イカの塩辛をフードプロセッサーにかけ、みりんと醬油で和えただけですよ」

今度はおいらがメモをとる。合わせて私が選んだ酒は、サラダに「琵琶のさざ浪」、イカに「太平海」だから言うことなし。

「いい酒ありますね」

「酒屋が置いてっただけですよ」

脱サラでここを始めたという、ラグビーでもやってそうながっしりした体格のマスターは無口ないい男だ。私あの人いいな、とマチコの目が熱い。弥次は後ろの小さな卓に自分の酒と肴を運び、カウンターに背を向けて一人あぐらをかき下の公園を見下ろして、「おいら、もう今日は、ここ動かねえ」と居残り佐平次よろしくご機嫌だ。

うーい、酔った。夜の町浜松は、騒いでいた若いのもいつしか消え、うろつくのは我々中年三人ばかりだ。

「うなぎ娘も御帰還か」

「どうせ養殖、天然はもうおらずい」

「養殖のほうがおいしいのよう、ヒック」

方言は出るし、言うこともくだらない。

もう一軒と「街の灯」のドアを押した。クラシックな木の内装のスタンダードバーだ。

「さあ、何にいたしましょう」

黒いベストにグレーのシャツ。落ち着いたマスターは、転がすような低音に魅力がある。

「そうさ……、久しぶりにジンフィズでも」

「はい。牛乳入りもありますが」

これは珍しい。パレスホテルの名バーテンダーといわれた今井清氏のレシピで、外人客注文のモーニングドリンクとして作られたという。

白濁したジンフィズはさっぱりした酸味がインドの飲物ラッシーのようだ。モンゴルで飲んだ馬乳酒にも似る。これなら朝によいだろう。

今井さんの下っ端で修業しましたというマスターは、ぼろぼろを幾重にもガムテープで補修した、文庫本くらいの『今井清／福西英三著 カクテル小辞典』を私に見せてくれた。昭和四十三年発行。そっと開くと至る所の書き込みに、大切に使っているのがわかる。

しばらく黙っていたマチコが口を開いた。

「太田さん、……私、担当代わるの」

「え？」

私は驚いた。弥次喜多道中は続くが、マチコは来月異動と決まったそうだ。

「すると一緒の旅も今夜限り？」

「そうなの」

人事異動は会社の常だが、そうならそうと、と言いかけ、旅の途中で話しては気詰まりだろうという心配りと知った。いじらしい奴……。

「鳥追女、江戸へ帰るか」

「二人とも元気でね」

こころなしかマチコのまぶたが濡れている。

「ようしマチコ、今夜は飲もう！」

私はマスターに手を上げた。

翌日、次の宿場・舞坂に歩いた。

旧東海道のこのあたりは慶長九年（一六〇四）に植えられた松並木が今も残り、往時の姿をとどめている。並木を抜けた舞坂は、卯建《うだ》つを残す家並みが宿場町らしい。旧東海道唯一の遺構という脇本陣に寄り昔の大名の旅をしのんだ。

古い看板の下がる乾物屋で名物のシラスを買った。舞坂は漁師町でもある。マチコも買っている。昨晩マチコは、こんな楽しい旅はなかったわ、とお気に入りの「ウオッカトニック薄め」を何杯もおかわりした。今日はもうさっぱりした無邪気な顔だ。

やがて街道の向こうに浜名湖が見えてきた。今切《いまぎれ》の渡しだ。東海道はここから舟で対岸の新居《あらい》に渡る。雁木《がんげ》と地元でいう階段状の船着き場に立つ大きな常夜灯は、江戸時代のようだ。湖に弁天島の大きな赤鳥居が見える。

浜松

「ひゃっほう」
ジャンプして駆け出す弥次を、「待ってよう」とマチコが追った。

貴田乃瀬
浜松市田町231・1
営業18時～24時
日曜・金、土曜以外の祝日休
電話053（455）2832

楽
浜松市田町328・2
長田ビル2F東
営業18時～24時　日曜休
電話053（455）2503

その八
吉田宿之巻
淫風ただよう　街道筋の
飯盛り女は　狐化け？
東海道五拾三次之内
吉田
東海道
居酒屋膝栗毛

「ういっす」

江戸に帰った鳥追女マチコに代わり、のっそりと現れたのは、江戸神田の版元から来た阿部屋剛三郎だ。原稿取り追い女が取り追い男になった。押しの強そうな大柄な体軀と名前は、原稿よりも高利貸し取り立てが似合いそうだ。

「手土産っす」

ポリ袋に缶ビールが三本。まだ朝の九時だ。プシッと開け、んぐんぐんぐと目の前で盛大にのど仏を上下させ、プハーと息を吐き、「うめい」と言った。

ここは東海道三十四番目の吉田宿、現在の豊橋市だ。

「豊橋なら竹輪ですな」

「竹輪ならヤマサ」

押しに弱い弥次は気弱に返事をする。

「昼めし昼めし、菜めし田楽」

阿部屋の言うとおり、豊橋名物は創業文政の名代「きく宗」の菜めしと田楽ということになっている。名物は早いうちに食べておくに限る。ひなびた玄関は意外に奥が深く一室に座った。出来ますものは「菜めし田楽定食・千七百円」。

「それとビール！」

阿部屋は盛大に右手を上げ大声を出す。さっきおいらの分まで飲んだばかりだぞ。

「よろしく頼んます、カンパーイ、んぐんぐんぐ、プハー、ひゃあうめい」

おいらもつられて、んぐんぐんぐだ。もうどうなってもいいや。

肴にとった、俵に重なる豆竹輪がうまい。料理を運ぶ婆さんに聞くとヤマサ製とのことだ。「田舎和へ」は茹でコンニャクをピーナツ味噌で和え、白髪ねぎをのせたものでなかなかおいしい。

「この味は田舎なれども品のよい婆、というところだな」

「おー、文学ですなあ」

こんなの文学じゃないぞ。

漆の木箱に並んだ竹串の豆腐田楽は、外側がパリッと焼けた熱々豆腐に、濃厚なたれの焦げた甘く香ばしい風味と、ツンとくる芥子がいい。

「ハフハフ、こりゃいける」

「ビールに最高ですなあ」

「田楽（全額）払ってもらいます」

訳のわからぬことを言って田楽を平らげ、大根葉を混ぜた菜めしに移った。

腹もふくらみ、町中をぶらりと歩いた。豊橋は三人とも初めてだ。旧街道の先は海。漁師町らしく投網・ロープの漁具店がある。東海道の旅も遠江《とおとうみ》を過ぎ三河に入った。三河湾伊良湖岬は豊かな漁場として知られ、気候温暖な豊橋は農業粗生産額日本一という。

行く手に、ちくわ・かまぼこと大きな切り文字を上げた瓦屋根も堂々たるヤマサちくわ本店があった。創業やはり文政十年（一八二七）というからこちらも古い。

天文年間（一五三二〜五五）、今川義元が勢力を誇っていたとき、「片浜十三里（伊良湖岬から静岡新居《あらい》浜までの外洋）の海より揚がりたる魚は、すべて安海熊野神社の境内において売買のこと」というおふれを出し、魚の流出を避けたため、豊富なすり身を使った竹輪は豊橋名物となった。この魚町ヤマサ本店のとなりが安海《やすうみ》熊野神社だ。

ガラスケースにいろんなのが並んでいる。さっきの豆竹輪もある。

「一番高いのはどれですか？」

「はい、この鯛ちくわになります」

若い女店員はしつけがよい。三本千円を買い、むしゃむしゃかじりながらまたぶらぶらと。

豊橋の夜の繁華街は広小路から松葉小路のようだが、人通りも見えず閑散としている。〝吉田通れば二階から招く、しかも鹿《か》の子の振袖が〟と俗謡にうたわれた旧吉田宿の面影はいずこ。

「吉田の飯盛り、御油《ごゆ》の留女《とめおんな》と言われたんですがね」

昔の旅は結構遊んでいて、旅人の夜のお相手をする飯盛女は東海道中でこの吉田から次の御油、

吉田

赤坂に最も多かった。旅籠の強引な客引きを留女といい、広重も浮世絵にその光景を描いている。

「――淫風なまめく吉田宿か、飯盛女に会えますかね」

阿部屋剛三郎がぽつりともらした。

さて日も暮れた。昼間、心ひかれた、壁も庇《ひさし》も檜皮で葺いた山家風木造一軒家の料理屋「千代娘」に、まず入ってみよう。金文字の堂々たる扁額の上がる玄関に、注連縄《しめなわ》が白い御幣を挟んで下がり、鬱金色《うこんいろ》ののれんと、打水された緑の植込みが門灯に照らされ美しい。

「ごめんなすって」

まるで道中旅人《たびにん》のような挨拶で玄関を開けた。小さなカウンターの奥はすぐ座敷の上がり口で、居酒屋ではなく割烹の造りだ。渋い京壁、小庇にのれんが回り、吊行灯が下がる小粋な艶っぽい雰囲気だ。

「いらっしゃいませ」

手を前に重ね腰を折るおかみさんは、紺麻模様の着物。頭高くまとめたつやつやした黒髪に真っ白な割烹着がよく映え、血色よいお顔にやや垂れ目の眉が福々しい。「あ、どうも」こちらもつい目尻が下がる。

「ビール！」阿部屋が高く手を上げる。注文のとき手を上げるのが癖らしい。「僕は燗酒」おいらも手を上げる。「お、おいらもビール」なんでも遅れがちの弥次もつられて手を上げた。

んぐんぐんぐ……、プハー。

お通しは、茹で海老と、きゅうりを突っ込んだ竹輪だ。阿部屋がおかみさんに聞いた。

「この竹輪はどこのですか？」

「はい、ヤマサさんです」

「でしょうね」

いっぱしの竹輪通きどりだ。

「竹輪（聞くは）一時の恥」

弥次のつぶやきには常に意味がない。

「弥次は竹輪（竹馬）の友」

おいらの答も無意味だ。

カウンターの大鉢煮物がみなおいしい。芥子で食べる柔らかく甘みのある蛸、口触り滑らかなナガレコ（とこぶし）、水菜油揚げ煮浸し、切り干し大根のしみじみと奥深い味に、絶品はきんぴらだ。皆しっかり出汁がきいているのが素人でもわかる。

もうこれだけでいいが、それでは板前の主人に仕事がない。伊良湖岬の魚だ。経木の品書きを見た。

「さごし、というのはなんですか？」

「さわらの小さいのです」

関西でさごし、関東ではさごちと言うそうだ。東海道も、もう関西圏に入ったのだ。

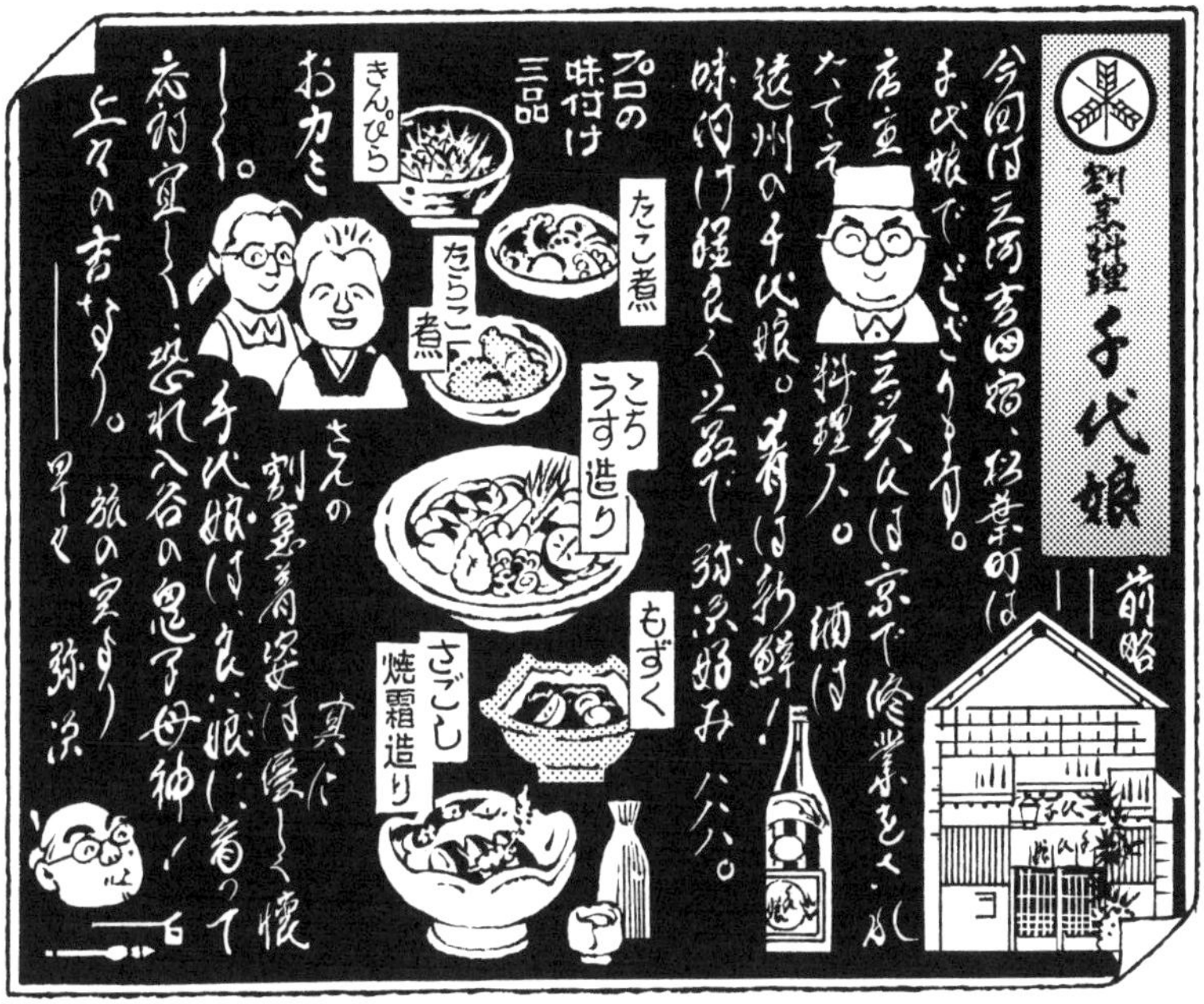

皮付きの外側を少し焼いた焼霜造りのさごしは、ほんのり温かく、軽い焦げ風味とねっとりした身がいい。活け〆めのこち薄造りは紅葉おろしにぽん酢。ピンクの身に赤い血合いのいなだ刺身は、厚切りに隠し包丁が入り深々とうまい。そのつけ醤油にコクがある。

「これは……たまり醤油？」

「はい、たまりを四分の一、いれてます」

三河はたまりを使うのだ。燗酒は静岡の「千代娘」。

「千代娘、とは、おかみさんのことですね」

「あら、とんでも……ほほほ」

阿部屋は酒で口がよく回りご機嫌だ。白衣白帽に身を固めたご主人と、純白割烹着の奥さんのおしどり夫婦がいい。

ご主人は京都で板前修業をしたそうで、のれんの三つの矢羽根紋は名が三ツ矢さんだからだ。

酔って後ろに倒れる人がいるのでつけたという、背中の西部劇の馬止めのような丸太の柵が、もたれかかるのにたいへん具合がいい。こんばんは、と次々に背広姿が来て座敷に消えてゆく。忙しくなり、チェックのシャツにエプロンを着けたトンボ眼鏡のお嬢さんが手伝い始め、ついそちらに目がゆく。お嬢さんは純情そうに顔を真っ赤にして言った。

「あの……、昼間歩いてましたね」

「あ、見てた?」

いい中年男三人が、昼間から竹輪くわえて、ぶらぶらやってれば、それは目立つだろう。

「変なのが店に入ってきたと思ったでしょう」

「そんなことないですー」

さらに顔を赤くし、こちらも笑った。

うぃー。通りの夜風がほほに心地よい。家族の温かさにつつまれたおいしい料理に大満足した。昼は閑散としていた通りも夜になり人が出始めている。

「マサージいかがですか」

「六十分五千円、いかがですか」

小さなビラを手渡し、しきりに若い女性が声をかける。いささか舌足らずなしゃべり方は外国人のようだ。

吉田

「台湾パブ、飲み放題、安いよ」

ビラを受け取らないといつまでもついてくる。

「いるじゃない、吉田の留女」

「ほんとだねえ」

やはり伝統は生きているのか。適当に振りきってもう一軒、居酒屋に入った。

戸を開けると全員いっせいにこちらを見た。カウンターのオヤジ三人は相当でき上がっているようだ。

「あんたらようきたね、このお化け屋敷に」

「あーなるへそ、嘘ついとらんわ、その通りや」

客の毒舌に店のおばはんも酔ってるのか、気っぷなのか負けていない。座ると「あんたらどっから来たや」と注文も取らず話しかけてくる。

「豊橋はその昔、陸軍歩兵十八連隊がおったでね、飲み屋も遊廓もいっぱいあって、上の口、下の口、両方世話するんさ、がはははは」

「こいつ寝ちまったよ、起こしたったれや」

「真ん中の足で突っついてくれたらどうしよか」

なんともあけすけだ。

「いましたねえ、飯盛女」

阿部屋が耳打ちした。本当だ。「あんた色白いねえ、夜なにしとるん」「いや……、仕事が」「夜の仕事やて、エロエロあるに。むははははは」。突っ込まれた弥次は目を白黒だ。

降参降参。ビールを飲んで退散した。

「まったく口の減らない婆あだ」

外に出て弥次がこぼす。

「口直しに、昼間のどじょう屋行きましょう」

阿部屋は、松葉公園近くの、古い小さなどじょう屋「桝屋」の風情に心ひかれていたようだ。

小さな店のすすけた板壁と荒れ畳は川端の釣り小屋然として、割烹着のおばさんが一人台所に立つ。

「今、のしたでね」

頼んだ蒲焼用にどじょうを開きに捌き終えた意味らしい。ビールを持ってきた。

「煮たのだとぬめりが出るで、慣れんと蒲焼の方が食べいいじゃんね。あんまり早くビール出しちゃうと飲み過ぎちゃうで、のしてからビールがいいだよ」

「この店いつから？」

「昭和二十九年春から。けっこう若いら？　四十年看板娘やってるでね」

その通り、にっこり笑ったつやつやに張る肌はどじょうの栄養のおかげだろう。たっぷり肉厚の開きどじょう蒲焼はタレの焦げ風味よろしく、ビールがうまい。

吉田

「おばちゃん、蒲焼うまいよ！」

「そうずら、どじょうは今から冬眠に入るで身が肥えてうまいだよ。でもこれはお客さんの受け売りだに。殿はうなぎ、庶民はどじょうさね」

我々は気さくなおばさんがすっかり気に入った。

ぬめりたっぷりの丸どじょうをにょろりと入れ、生卵と青ねぎをのせた「どじょう味噌煮込み」は、グラグラとたぎる土鍋に味噌が焦げて張り付き、小苦い風味が熱々の味噌と合い、なんとも田舎くさく、そこがいい。

「冬はよく出るだんね、あったまるし精もつくで」

ふうふう吹きながら、ウンウンと返事をした。

外に出ても、どじょうパワーで体はポカポカだ。

「さてどうする」

「飯盛女にもふられたしな」

行き場のない精をつけた中年男に、囁くように女が言い寄る。

「マサージいかがですか、三十分千円、千円」

再び留女が声をかけ、顔を見ると一度振った娘だ。

「ビラさっきもらったよ」

「それではいかがですか」

イントネーションがおかしいが、向こうも同じ男とわかり苦笑いで、ビラを出す手もひるむ。

「あんた達もたいへんだねえ」

「ごきょりょく（御協力）おねがいします」

顔見知りになったというわけでもないけれど、なんとなく連帯感がわく。協力しますか、阿部屋がおいらをうかがうが、のらずに歩き出した。

天高く、こうこうとさえ渡る満月が美しい。通りに灯りをおとす大きな洋菓子店の角は、もう大きなクリスマスツリーだ。ウインドウには赤や緑のケーキが並ぶ。

夜の町を男三人が、あてもなく、黙ってぶらぶら歩いてゆく。ふけゆく秋の夜、旅の空の。江戸を発ってはや二年、明日はいずこの旅の空。故郷《くに》に残した妻子やいかに。ぼちぼち暮の餅代を。そんなことは全く思わず、「どこかいいバーはないか、どじょうの口をジントニックで洗おう」と三人はあくまで意欲的だ。

松葉小路の真っ赤な灯の「バー・ラテンガイ」に気が惹かれた。ラテン野郎ね。大きな建物はグランドキャバレーのようでもあるが中を見てみたい。思い切って重厚なドアを開けると、豪華なインテリアだが、どこか最盛期を過ぎた寂寥《せきりょう》がただよう。

「うちは女の子はいませんけどいいですか」

カウンターの御婦人が声をかけ、ままよと席に着いた。注文のハイボールを受け取るとき、はじめて正面から顔を見て、私の目は吸い込まれた。

何と美しい人だろう！　お歳は少し重ねられているが、八千草薫と新珠三千代と月丘夢路をぜんぶ合わせたような、宝塚型のまぶしいばかりの美貌だ。三人とも魂を奪われたようにシーンとなった。絶句する美女というのは本当にいる。

ゴクリ。阿部屋の生つばを飲み込む音が聞こえる。こんなときつば飲むな。呆然としていたが、何かしゃべらねば。壁に若い裕次郎の写真がある。

「ゆ、裕次郎がお好きなんですか」

「そうでもないわ。映画なら少女時代に『狸御殿』の宮城千賀子にあこがれたわね」

宮城千賀子よりあなたのほうが美しいです、と言いたいが恥ずかしい。

「こ、この店は古いんですか」

「昭和十一年からよ。名前はおじがパリのカルチェ・ラタンからつけたの」

ラテン野郎ではなくラテン街だった。豊橋最古のバーということだ。戦後の景気復興とともにキャバレーになり、昭和三十四年ころの最盛期は女性が四十人もいて専属バンドが入り、浅草フランス座のストリップが大変な人気を呼んだ。佐久間ダムの工事で伊那の山林を売ったにわか大《だい》尽《じん》が、遊廓を根城に一週間も遊んでいったという。しかしあまりに儲かるのが怖くなってキャバレーはやめたそうだ。

話しながらも大きな目が魅力的にキラキラと光る。

「あの……、し、失礼ですが、お生まれは戦前？」

「ええ、昭和五年なの」

これには本当に絶句した。とてもとても、とてもを五回使っても信じられない。

ママさんは戦前、東京麴町に住んでいた。三階はバイオリニスト諏訪根自子《ねじこ》の録音室だったという。新聞記者の父は国粋主義者・大川周明の影響を受け昭和十一年、二・二六事件に関係し、日本に居にくくなって大陸に渡り、家族は東京を引き払い豊橋の親戚のところに来た。

東京から来た美貌のお嬢様はこの地方では別格で、昼、学校から昼食に帰ると午後は服を着替えて行った。遠足には新しい服をあつらえ、途中で雨が降ると車が迎えに来た。担任の女の先生に可愛がられ、よく残って歌を歌わされたという。

母は大変な美人で父兄参観では、お母さんきれいな人ねと誰からも言われた。この方の母ならそれは美しいだろう。娘もまた人形のようだったに違いない。

父は大陸で特務機関関係の仕事をしていたらしく、ほとんど家には帰らず連絡先も教えなかったが、あるとき軍刀の赤い房を見せ、自分は軍属だがこの房は佐官クラスだと話した。終戦時はジャカルタにいて、引き揚げの時メンソレータムにダイヤを十二個忍ばせ、母に一つを進呈したという。その父も没した。

父不在の家で、母は自分の美貌を継いだ幼い娘をどれだけ大切にしたかは想像に難くない。また父も立派な男前だったのだろう。

「ふーん……」

腕組みして聞いていた阿部屋は、深々とため息をもらした。

「ちょっと見てみます？」

ソファの並ぶボックス席の奥を開けると、おお、そこには何と小さな半円形のステージがある。店がガランと広いので目隠ししたのだそうだ。このステージにかつてバンドが、踊り子が、ストリッパーが躍動したのか。栄光の残照いまいずこ。我々三人は言葉もなく立ちつくした。

外に出てしばらく無言で歩いた。空には変わらず、満月が凄いように冴えわたる。

「明日《あした》行ったら、誰もいなかったりして」

「雨月物語、浅茅が宿、か……」

弥次がぽつりともらした。


「あ〜あ、よく寝た、東海道は日本晴れっと」

阿部屋が背伸びをする。空は真っ青だ。

「昼飯は、にかけですな」

昼は豊橋名物「にかけうどん」と、昨日目をつけておいた古い木造総二階のうどん屋「勢川本店」に入った。

「かけ四百四十円、にかけ四百五十円」とある。

「お姉さん、かけとにかけはどう違うの？」

「にかけには生の油揚げと削り節が入ります」

「にかけ（見かけ）じゃわからん」

そのにかけのうまいことうまいこと。やや甘めのおつゆにつるつるの丸めんが気持ち良く喉にすべってゆく。関東のように醤油くさくなく、関西のように透明昆布だしつゆでなく、うっすら茶色で出汁も利きの、まさに関東関西の中間だ。

「こーりゃ、うめい」

三人とも、おつゆ一滴残さずきれいにした。

さあてと、吉田を後に御油を目指して、てくてくと。

頭上高い、街道両側の天然記念物指定の松並木は、上の方は重なり合って昼なお暗い。本家『膝栗毛』では、よい宿をとっておくと喜多八が先に行き、弥次は茶店の婆からこの辺は狐が出るから気を付けなせえと教わる。ほどなく松並木にもどってきた喜多を、弥次は狐が化けたと思い、打ちのめして閉口させるくだりだ。

もっとも御油の狐は、旅の若い衆が次の赤坂宿で飯盛女にもてようと、夕刻松並木の陰で新しい着物に着替え、そのひらひらが夜目に狐に見えたという解釈もある。

「さーて、次は飯盛女もいるし、着替えるか」

思わせぶりにつぶやく阿部屋を、弥次が見た。

「おーい、狸が出たぞう」

吉田

「なにおっ！」

逃げ出す弥次を、狸が追った。

割烹　千代娘
豊橋市松葉町三丁目八三番地
営業17時～23時　日曜休
電話0532（54）7135

ラテンガイ
豊橋市松葉町1・69
営業18時～23時　日曜・祝日休
電話0532（52）2788

その九 宮宿之巻

長旅疲れて 沈没二日
徳利並べて 福は内

東海道 居酒屋膝栗毛

藤川、岡崎と無事に旅が続き、街道両側はなにやら重厚な家並になってきた。なまこ壁に千本格子、重々しい瓦屋根に立派な卯建《うだ》つの上がる商家が続く。

「弥次さん、ここはどこかね？」

「有松《ありまつ》でありまつ」

あっそ。東海道四十番目、鳴海宿の有松町は、藍染めの有松絞りで知られ、よく保存された家並は広重の浮世絵と変わらない。黒光りする壁は塗籠造《ぬりごめづくり》というそうだ。

なかほどの絞会館に入ってみた。四百年の歴史を持つ有松絞りは、布を丹念に糸で括《くく》って藍染めし、糸を抜くと、白い染め残りが様々な模様を描く。また絞った所がちりめんのように凹凸になり、肌に涼やかな風合いをつくる。

「おお！」

階段踊り場に飾られた、有松絞り浴衣の昭和二十八、二十九、三十年の古いポスターに思わず声を上げた。木暮実千代、有馬稲子、山本富士子の大スター三人が、それぞれしなをつくり艶然と笑う。髪にかざした二の腕の袖をかるくつまみ、下駄の素足も涼やかな木暮実千代が色っぽい。

宮

二階には様々な柄の生地が展示されている。

「いいねえ、浴衣でもどうだい」

「高そうだな、ふんどしくらいなら買えるか」

本家『膝栗毛』に弥次喜多が、ふんどしはいくらだと店の主人をからかうくだりがある。

「このふんどしなら涼しいっすね」

おおいに頷いたのは、吉田宿からついてきた、原稿取りの版元阿部屋剛三郎だ。

「キミはふんどし派なの？」

「いや、トランクス。売ってるかな。下の売店で聞いてみよう」

結局、若い女性販売員に言いだせず、彼はバンダナを買った。

鳴海をぬけ宮宿に入った。宮とは熱田宮、熱田神宮のことだ。旧東海道は現在の名古屋は通らず、宮の渡しから海路で桑名に向かうが、船に不安のある者には陸路の佐屋街道もあり、こちらは名古屋を通る。

「当然陸路ですよ、街道一の大都会を素通りする手はないでしょう！」

阿部屋の目にネオン、ホステス、カラオケが輝いている。もうこの先京都までは山の中。カネを使うのはここしかない、ともとれる。

「どうする？」

「名古屋いこまい」

弥次の一決で陸路に向かった。

そろそろ昼飯時だ。名古屋に名物三つあり。きしめん、味噌煮込みうどん、ひつまぶし。

「何にする？」

「ひまつぶしにひつまぶし」

「ひつこいひつまぶしで精つけまい」

それではと入った鰻の老舗「以ば昇」の古風な店内は代赭色《たいしゃいろ》の三和土《たたき》が粋だ。店の名はここが商売に「いい場所」だったからというが本当か。

ひつまぶしは、お櫃《ひつ》にご飯と蒲焼を混ぜ、もみ海苔をまぶして出てくる。

「こういうものか」

順番にしゃもじから碗にとった。蒸さずに直焼の関西式蒲焼はパリッとし、最後は刻み葱をのせ茶をかけ、茶漬けにする。

ぱくぱくぱく。さらさらさら。

「案外いけますな」

「案外うみゃあでいかんわ」

にわか名古屋弁で満足げにかきこんだ。

夕方まで宿で昼寝した。今夜は名古屋に詳しくない弥次と阿部屋を、喜多八が案内する格好になった。

「行くぞ、おきろ」

「ふみゃあ、まだ三時半だよ〜」

弥次が目をこする。名古屋随一の居酒屋「大甚《だいじん》」は開店四時で即満員。入れなかったことが二度ある。

「ホントですかあ」

尻の重い阿部屋を押し、名古屋の目抜き、広小路通りと伏見通りの交差点に来た。ビルの並ぶ中に割丸太張りの建物が異彩を放つ。小庇《こびさし》下の立派な木箱に鎮座する、浮き出し文字「大甚」が風格だ。

三時五十分、「酒」と大書した紺暖簾は出ているが準備中の札もある。にもかかわらず親父たちがどんどん入ってゆき、遅れてはならじとこちらも戸を開けた。店内はまだ暗く、思い思いの席に陣取った親父たちが営業開始を待っている。

ぼんぼんぼんぼん。柱時計が四回鳴り、「さあどうぞ」と明るくなった。客がいっせいに立ち上がる。ここは大机にいろんな料理、肴の皿小鉢が山のように並び、客はそれぞれ好きなものを自分で取るスタイルだ。広い店内は壁に沿って腰掛が回り、いくつもある厚い大机を古風な丸椅子が囲む。我々はさてどこに座ったものか。奥の常連席らしきは遠慮し、玄関すぐの卓に腰をおろした。

目の前は燗酒のつけ場でこれが素晴らしい。きりりと青竹タガを締めた賀茂鶴の白木四斗樽がでんと座り、背高細身の徳利がずらりと並ぶ。樽から錫《すず》の大きな片口に酒を受け、徳利に注ぎ、隣の湯釜で燗をする。その釜のおさまる大きな煉瓦へっついがまた良く、羽釜は中を十文字に仕切ってたっぷりの湯に徳利を沈め、大鍋の湯には常に盃が温まる。

お燗番はおかみさんの仕事だ。樽の木栓をひねり、こんこんと流れ出る酒は見ているだけで気持ちよく、次々にとぶ酒の注文をすいすいとさばいてゆく。居酒屋で最も大切なお燗場をこれほどきちんと設営しているところはおそらく他にない。まさに日本一のお燗場だ。

酒は広島賀茂鶴の特注品だ。樽で届いたのをいったん一升瓶にとり置き、その日の分を店の大樽に毎日注ぎ入れる。あまり樽香がつきすぎてもいけないのだ。樽は時々新しくするが一樽四万円する。

「大漁大漁」

阿部屋が慣れない手つきで、嬉しそうにお盆に肴をとってきた。芋ころ（小芋煮）、さば酢、いわし煮付け、かしわうま煮だ。おいらは、なまこ酢、小いか煮、ナガレコ（とこぶし）煮、焼あなご。

「フーン、そっちもいいすね」

阿部屋が覗きこむ。隣の芝生はきれいに見える。阿部屋のいわし煮付けがうまそうだ。

「あーあ、苦労した」

なんでも遅い弥次が、ようやく選び終えて戻った。えんどう豆に、もろきゅう、魚の子（たらこ）煮。なんだか線の細い品ばかりだが、あまりの種類の多さに気圧《けお》されたか。

それぞれ好みの皿小鉢を並べ、酒もといた。さあ始まりだ。

「カンパーイ」

ツイー。

その燗酒のうまさよ！　さっぱりとおだやかにすうっと腹におさまってゆく。徳利の首まで浸《つ》かるたっぷりの湯で燗されたふくよかさと言おうか。家庭風呂でなく、湯気いっぱいの大浴場で思いきり手足を伸ばすと温まり方が違う、そんな感じだ。

「うまいねー、この酒」

目を細めた弥次は口から盃を離さない。

「うまい！　この芋ころ」

阿部屋が目を丸くしてこちらを見る。

開店から使っているという松竹梅印判の古風な徳利がいい。それぞれ夢中の数分間。いつものように「ちょっと一口いいですか」

と箸を伸ばして来ないのは、互いに自分の肴に満足している証拠だ。おいらもそうだ。冬の珍味なまこ、ムギイカという小いかの柔らかな煮え具合、口当たりなめらかなナガレコ、香りよい焼あなご。その一箸ごとに酒の進むこと進むこと。

「いやー、たまらん！」

阿部屋は、目を閉じて下を向き、タハーっと首を左右に振って顔を上げた。

「最高！　もう怒った、オレは腰据えるぞ！」

ポケットから取り出し頭に巻いたのは、昼間買った有松絞りのバンダナだ。酒樽前のおかみさんが笑うが意に介さない。

四時十五分で満員だ。それどころかもう帰る客がいる。毎日来て、さっと帰るのだろう。「はい、○○さん千二百円」、しゃっと古い五玉の算盤《そろばん》を入れる主人は、大きなシャネルのマークが光る太縁めがねと、前掛け胸ポケットの栓抜きがトレードマークだ。

それから食べた食べた。イイ（飯、タコの子）がいっぱいのイイダコ煮、開きイワシ焼、卵黄身たっぷりのポテトサラダ、辛いキンピラ、さわやかな野菜炊きあわせ。何気なくとった納豆は隠しに、えのき・みつば・なめこ・ねぎを刻み入れ、これでもかとかき混ぜられて死ぬほどうまい。そして圧巻は、おかみさんに「これ食べてごらんなさい」と奨《すす》められた、十一時間かけて炊いた寒鮒だ。真っ黒な全身はあたかも即身仏の様相だが、頭も骨もたいへん柔らかく、八丁味噌の苦味甘味あいまってえもいわれぬうまさだ。

もう書ききれないが、これらの品が皆二百円、三百円なのだから全く懐を気にしないでよい。それだけでなく奥のガラスケースには鮮魚が並び、指さすと若い板前二人が即座に刺身や焼魚、煮魚に調理してくれる。えんがわ付きのヒラメ、淡い桜色の鯛の刺身はねっとりと新鮮で、また酒が進む。

「オ、満員か」

入ってきた客は、なんとベテラン俳優・大滝秀治氏ではないか。劇団関係者らしき数人と一緒だ。我々の後ろに空席ができ、そこに座った。

「大滝秀治と酒を飲めるとは……」弥次がうめくようにつぶやく。

大甚のこの建物は昭和二十九年のものだ。床の鉄平石はすり減り、壁板は客の背で塗りがはげ、厚い檜の大机は周辺が肘でこすれて白い。ぎっしりの客は平均年齢五十から六十。常連らしき一人客が多く、席も決まっているようだ。隣の丸刈りに丸眼鏡、グレーのジャンパーの大柄猫背の人は、風貌がどことなく井伏鱒二に似ている。そう思って見ると、壁際に座る目の鋭い小柄な老人は小林秀雄のように見える。

「ほんとだ、ちょっと痩せたな」

阿部屋は小声でうなずき、店を見回した。

「あそこに大佛次郎がいる」

なるほど銀髪に縁なし眼鏡、上等なオーバーにマフラーをしたままの端正な紳士だ。

「里見弴、あ、佐藤蛾次郎も」

弥次の見つけた、悠然と姿勢の良い里見弴、あたりを窺《うかが》うようにきょろきょろしている黄色シャツの佐藤蛾次郎もそっくりだ。大岡昇平も中村真一郎もいる。これはすごい店だ。ちらりとふり返って見た大滝秀治氏は、さすがに盃を持つ姿が様になる。

「よろしいかしら」

声をかけ我々の卓に座ったのは、粋な縞柄着物の妙齢女性だ。帯にきちんと扇子を差したあでやかな姿においら三人組は息を飲んだ。「や、山田五十鈴」、声にならない声で阿部屋が耳打ちしてきた。

それからまた一時間。

「いやー、これはいい店だわ。喜多さん、さすが」

店を出た阿部屋は満面の笑みだ。全国の居酒屋を研究すると称する喜多八も面目をほどこした。

「街道一、いや日本一だ」

弥次もいつになく深酒だ。後半弥次は道中絵師の面目よろしく、矢立てならぬ懐中筆ペンで店や人をスケッチしまくり、阿部屋は「若き日の山田五十鈴先生にお目もじでき光栄です」と身もふたもなくはっきり言って、おほほほと笑われ、すっかり意気投合。お酌までしてもらっていた。

「お礼に、このバンダナ差し上げればよかったなあ」

本当はふんどしではなかったか。

宮

二月初旬、陽気はまだ寒いが気分はぽかぽかだ。名古屋の夜の中心地は栄とその隣の錦。長者町繊維街という大きなアーケードを過ぎると、バーやクラブのぎっしり入るビルが並ぶ、銀座と新宿を合わせたような賑《にぎ》やかな通りになった。

向こうから振袖の舞妓が二人小走りにやって来る。一人は草履《ぞうり》に足袋なしの裸足。店の前で見送りをしている舞妓は白塗りしてないうえに断髪だ。今朝の新聞に、京都の花街宮川町で舞妓が花嫁や役者に変装してお茶屋に出る、節分恒例の「お化け」行事が行われたとあったが、名古屋にもあるのかもしれない。

「もうすぐ京都なんだねえ」

「そうよなあ」

弥次が感慨深げだ。さておいらはもう一軒、二人を連れてゆきたいところがある。ここからは少し遠く、タクシーに手を上げた。

車中三人ぐっすり眠り、停まったのは中心地から離れた東区のとある通り。石畳に木の柱を立てたエントランスに、奥は幅広のバーカウンター、左は板張りの小上がりだ。モノトーンでまとめたモダン和風の店内は静かにモダンジャズが流れ、暗めの照明の中、伊万里藍鉢に泳ぐ赤い金魚にスポットライトが当たる。

「小じゃれてるじゃん」

大甚とはあまりにも違う雰囲気に、阿部屋は疑わしげな顔つきだ。店の名は「まほらま」。まだ若い主人は日本酒を勉強し、愛知の名酒「義侠」を中心に自分の思う美酒と肴のこの店を五年前に開いた。

今週のおすすめ「義侠六十%精米純米原酒・全量東条米特上山田錦使用」を一口飲み、阿部屋は「うう」とうめいた。柔らかな燗酒とまた違う、ひんやりした酒の濃淳な旨味がひろがる。鶏の朝引きささみを柚子胡椒で口に入れ「やや」とつぶやき、飛騨のミニコンロ炭火であぶった朝引き砂肝の、外はカリッ、中はトローリを七味塩で食べ「おお」と声を上げた。

「うまい、また違う世界がある!」

それは正しい感想だ。どんどん食べて飲む闊達な入れ込み居酒屋と変わり、吟味された酒肴を静かにじっくり味わうのもいいものだ。客もセンスよい都会的なカップルばかりだ。

「これはたまんねえ」

塩辛好きの弥次が抱え込んだのは、鯖の糠《ぬか》漬け「へしこ」の生だ。普通は少しあぶって出すものだ。

「ご主人は歳はいくつ?」

さっそく阿部屋のリサーチが始まる。気軽なシャツ姿の物腰やわらかい主人は、長髪を後ろでしばり、髭ぼうぼうのインド行者風だが、二枚目俳優・堤真一に似たいい男だ。店を始めると決め、東京、大阪、京都と食べ歩いたが、魚、野菜、調味料、結局すべて京都のものに行き着いたと言う。

「この柚子胡椒も錦のです」

「栄の隣の?」

違うがな、京都の錦小路やがな！　おいらは阿部屋の足を蹴飛ばした。

気を取り直して見る手元の塗り酒盃がいい。

「能登の瀬戸國勝さんの作品です。これに逢うた時は、これは出くわしたと思いました」

「よくサライで紹介されてる方ですね」

「そうですそうです、よく御存知ですね」

「まあね」

今度は阿部屋が株を上げた。『サライ』は阿部屋の版元で出している雑誌だ。

それではと、瀬戸さんに特注したという大ぶりの塗り片口で供された義侠の古酒は、襟を正すような奥深い味がした。


翌朝、起きてきた阿部屋が、弥次喜多さんに頼みがあると言う。

「なに？」

「今夜もう一回大甚いきたい」

よほど気に入ったらしい。弥次がニヤリとする。他ならぬ版元勧進方の仰せとあらば無下にもできない。

「うーん、そうするか」

もったいつけたがじつは望むところだ。長旅の疲れも出る頃。休もう休もう、心中ヤッターだ。

そんじゃ寝てるのもナンだしと朝飯かっこんで、大須観音にお参りに出た。

大須は東京でいえば浅草で、どちらも観音様がある。おりしも今日は節分会豆まきの日だ。朱塗り鮮やかな大社前に足場パイプのやぐらが組まれ、壇上から豆をまく。豆まき券は枡つき四千円、枡なし三千円と案外高い。券を買うとそろいの青い袢纏《はんてん》を着せてもらい、やぐらに上がれる。裃《かみしも》姿の宮司たちに、着ぐるみの青鬼赤鬼もまじり、

「左へ二回、右へ二回、正面二回。いいですか、福は〜内、福は〜内」。

スピーカーの大声に合わせ銅鑼《どら》がジャンジャン、太鼓がドンドンと鳴る。「鬼は外」は言わない。券を買った善男善女は引きも切らず豆をまき、はい次、はい次とトコロテン式に回ってゆく。

今日は小雨で、下の参拝客はちょうどよいと傘を逆さにして豆を受け、宮司が「絶対に傘で豆をひらわないでください」と絶叫するが、そんなこと聞くものか。おいらも傘でしっかり受けた。

ぽりりと豆を齧じりながら、ぶらりと参道商店街を歩いた。

名物ういろう総本家、創業七十年のせんべい屋にまじり、真っ白な中古ウエディングドレスを堂々ぶら下がりで売っている。一着二千九百八十円だ。

「三回目なら、あれでいいな」弥次がぽつりとつぶやいた。

さて夕方四時。はやる気持ちで、大甚の昨日と同じ席に座った。こころなしか大将、おかみさんの目が優しい。今日はもうあわてない。鮮魚コーナーを検分し大好きなメバル煮魚を頼んだ。

阿部屋はおかみさんにじっくりと話を聞いている。

大甚の創業は明治四十年にさかのぼる。愛知県西の海部郡大治村で地酒大甚の名をとり、山田徳五郎が始めたが早世。長子・甚一はまだ十六歳。そこで徳五郎の妹ミツが継ぎ、名古屋に店を移し、隆盛の基礎を作った。その才覚と人柄は多くの客に慕われ、昭和二十五年、五十代の若さで亡くなるまで働き続けた。現在の主人・山田弘さんは徳五郎の孫。先代の遺志を継ぎ、奥様の良子さんとさらに店をみがきあげている。

壁にミツさんの古い写真が大切そうに飾られている。我々三人は盃を上げ、心の中で「ありがとう」と言った。

一夜あけたら出発だ。二日の休みで旅の疲れもとれた。玉砂利の熱田神宮に参拝し、道中の無事を祈る。弥次は宝くじの当りも祈った。引いたおみくじは小吉。方角西南吉がありがたい。

宮の渡しには石組の大きな常夜灯が今も残る。ここから舟旅七里で桑名だ。

「あばよー、大甚、帰りにまた寄るからなー」

阿部屋が手を上げ、バンダナを振った。

宮

大甚本店
名古屋市中区栄1・5・6
営業16時〜21時
日・祝日休
電話052（231）1909

まほらま
名古屋市東区泉1・17・25
イープ太田ビル
営業18時半〜深夜2時　不定休
電話052（972）9726

東海道五拾三次之内
四日市
三重川
弥次画
東海道
居酒屋膝栗毛
その十
桑名宿之巻
行灯ともる　寄りあい渡し
蛤《はまぐり》いかがと　甘い声

旅は道連れ世は情け、歩き疲れた夜はお酒、三人旅はいいですのう。

すっかり旅慣れた版元阿部屋剛三郎は懐から街道案内を出した。

「桑名の名産は、時雨蛤《しぐれはまぐり》、鋳物《いもの》、サンダルか」

「その関連は？」

つっこんでも答えられない。時雨蛤は蛤貝の佃煮だ。有名な「貝新」は新之介、新九郎など三店が総本家を名乗り、「貝藤」「貝増」もある。その中の一軒「貝繁」に入った。落ち着いた構えの高級店だ。

名物「志ぐれ蛤」は百グラム千六百円と高い。浅利は千円、六百五十円と手ごろだが違いがわからない。

「手剝《てむ》きは生の貝を一つずつ手で開けます。こちらはまとめて茹でて開けますので旨味が湯に出ます」

なるほど。その茹で汁で佃煮にするから同じようなものだがやはり違うそうだ。論より証拠、一口どうぞと出されたのを食べ較べた。

桑名

「うーん、違う」

どちらも大変おいしく、千円の手剝きは貝肉がフレッシュな感じだ。蛤もどうぞと高価なのを出してくれおそるおそる頂き、こちらは格違いにうまい。

「蛤は公家、浅利は侍、しじみは庶民だな」

とは言うが五百円のしじみの小粒を、楊枝で一つ一つつまんでゆくのもなかなか味わいがある。

「酒飲みはこっちだよ」

しじみは肝臓の薬。弥次の言に同感だ。おいらの晩酌の友は佃煮だが、どうも近ごろ甘いのが多くていけない。ここのは甘くなく貝肉の味の深みがすばらしい。

「皆とてもおいしいですね」

「有難うございます、うちあたりは小さな商売で」

人柄の良さそうな主人は、謙遜しながらも嬉しそうだ。明治三十六年創業、昭和三年天皇陛下献上は伊達ではない。道中用にいくつか求め、熱いお茶を頂いた。

「どっかいい居酒屋ないすか？」

阿部屋が単刀直入に切りだし、一軒を教わった。

町は人通り少く、どこかのんびりした空気だ。

まずは昼飯。桑名に着いたら、蛤料理の名代「魚重楼」と江戸を発つときから楽しみにしてきた。立派な玄関の桜一枚板の式台を上がり、案内された二階座敷は趣がある。街道旅で座敷に上がるのは初めてだ。

「多分、最後でしょうな」

版元にそうはっきり言われると気落ちする。創業百余年、幕末まで桑名藩御用網元とある栞《しおり》には、膝栗毛本家・十返舎一九の〝名物をあがりなされと旅人に　くちをあかすよはまぐりの茶屋〟の狂歌もある。

「これは意味があるね」

「ははあ、飯盛女ならぬ」

「そう、蛤女郎の……」

「貝は夜ひらく」

「いらっしゃいませえ」

突然ふすまが開いて着物姿の若い仲居さんが三つ指を突き、けしからぬ話をしていた我々は赤面した。

「コ、コースで。それとビールと酒と灰皿」

あわてた阿部屋は一度に全部頼んだ。昼の蛤コースは一人五千円だ。

カンパーイ、んぐんぐんぐ……。

喉が濡れ、いよいよ蛤だ。焼蛤は割竹に緑の檜葉を敷き、中くらいの蛤が四個。焼けてはいるが殻は閉じている。

「開け方わかりますか？」

「ボクわかんない、教えて」

弥次はいやに甘ったれた返事だ。

「おつゆをこぼさぬよう水平にして、殻の合わせ目に親指の爪を入れる、ほら開きました」

そうか、あちちち。まだ熱く、おしぼりにのせ、そっと上蓋を取った。貝の「め」（蝶番《ちょうつがい》）を切ってあるので開けやすく、口を寄せて吸うおつゆがおいしい。

「あとは、はずした殻で身をすくい取ってください」

「あ、こぼれた、ボクできなーい」

弥次は手を添えてもらっている。コラ、甘えるな。

おいらは蛤が大好物だ。磯香を湛《たた》え、もわりと乳くさい官能的な色気は女盛りの味か。

「まさに風呂上がりの熟女ですな、むははは」

世の中の人々は働いている時間だというのに、オヤジ三人、座敷は反省なしだ。

「あなたは名前何て言うの？」

ほら出た。名前聞いてどうする。

「三田佳子のよしこでーす、例えが良すぎまーす」

おお、いい子だ。

「佳子さん、桑名は今も蛤とれるの？」

「とれまーす」

おそらく客の全員がする質問だ。桑名は木曽、長良《ながら》、揖斐《いび》の三川が合流して淡水海水が入り混じり、砂が蛤に適すが、水質汚染で国産は激減しているそうだ。

「砂がいいので鋳物も盛んなんですよ」

ああそうなのか。

「じゃサンダルは？」

「サンダルですか」

「♪サンダールーチーア……」

酔うと飛び出る阿部屋の意味なしカンツォーネ。

「蛤はこれだよ」

おいらは手に持ったぐい呑みを裏返して置き、糸尻に径五センチほどの蛤の殻をのせて燗酒を注いだ。殻には貝柱が残っている。

「蛤酒、この貝柱からダシが出る」

「おおこれはよさそうですな」

ツイー。親指と人さし指で貝殻をはさみ、間から酒を飲むとなんだかうまい。

「ツイー、喜多さんこりゃいけるよ」

弥次もやっている。そうなると盃を選ばないとな。蛤の殻は一つ一つすべて模様が違う。

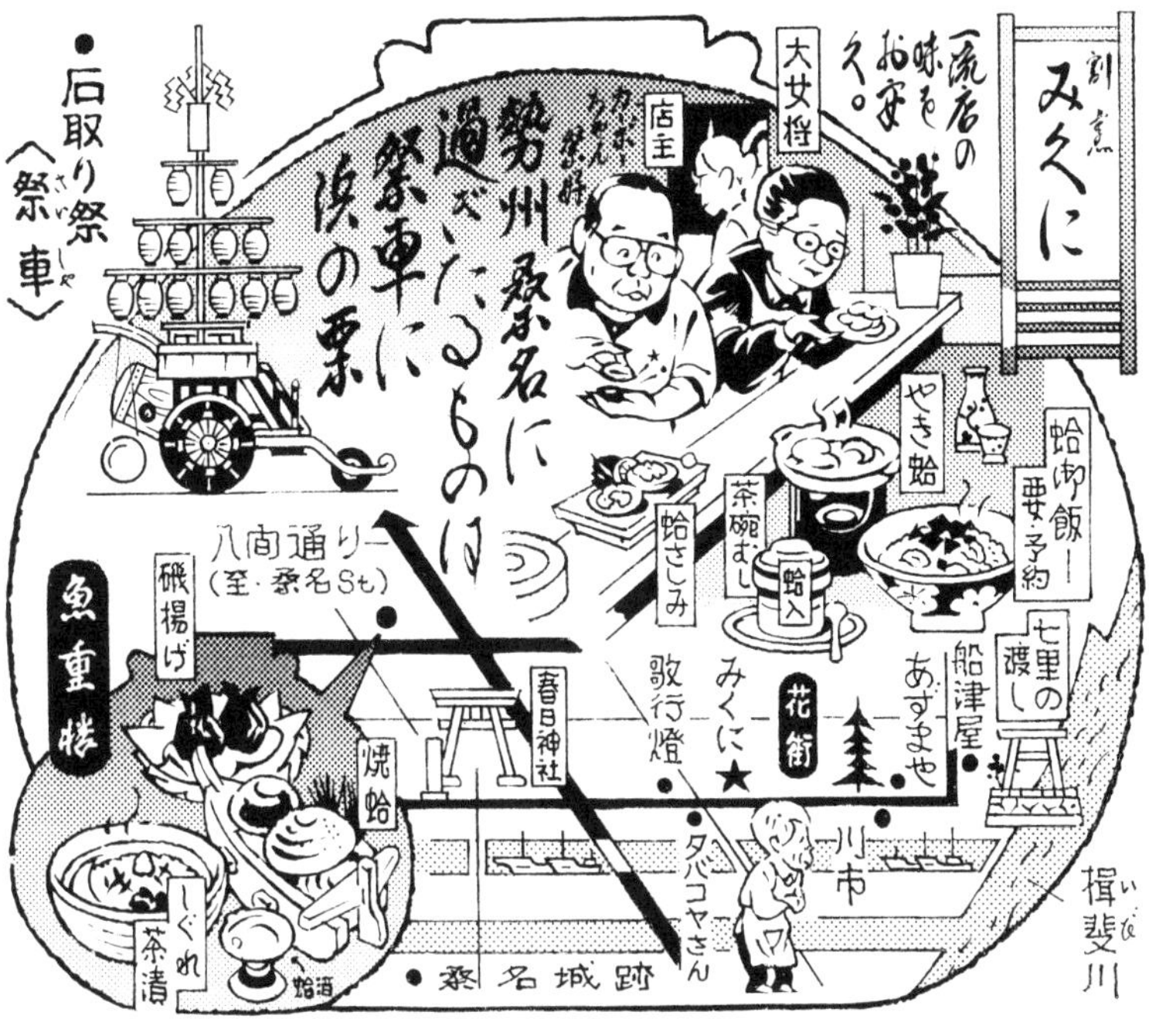

「これなんかいいねえ、縞柄が粋だよ」
「いやこの黒いのは格がある」
「あっしは明るいピンクのこっちがいいね」

時ならぬ蛤アート鑑賞だ。


桑名の殿さん時雨で茶々漬、ヨイトナ。

絶品の「時雨蛤茶漬け」で〆めとなった。

外はまだ日が高く、昼酒の頬にあたる風がここちよい。阿部屋の広げた三重観光ガイドのキャッチコピーは「オー・ソレ・ミエ」だ。

「このセンスですからね」

サンダールーチーアにはかなわないか。

「有馬徹とノーチェ・クワーナ」

弥次の独り言には常に意味がない。一世を風靡したラテンバンド「有馬徹とノーチェ・クヴァーナ」のつもりだろう。

ぶらぶらゆくと青銅葺きの立派な大鳥居

があった。桑名宗社の春日神社だ。説明板に「勢州桑名に過ぎたるものは銅の鳥居に二朱女郎」の俗謡が紹介されている。

「女郎の質が高い、と」

「そういうことか」

やにわにあたりを見回したが、人が通るわけでもない。

参道右の立派な木造三階建ての瓦屋根に大きな虎と「桑名名物とらや饅頭」の看板が上がっている。創業宝永元年（一七〇四）とは古い。店先でいただいた饅頭はあっさり甘く、ぷうんと酒の香りがしてとてもおいしい。そのつぶやきに店のお婆さんは嬉しそうだ。〈昭和二十六年十一月二十日　天皇陛下三重縣下御巡幸砌　御料食品光栄浴〉の扁額がある。

「昭和天皇も食べたんだ」

「そうですよ、津でお召し上がりになられたんです」

包み紙一切を保健所に預け、厳重に封印し大騒ぎしたそうだ。

桑名は夏の春日神社石取《いしどり》祭が名高い。各町内から三十九もの祭車が出て、午前零時の太鼓を合図に一斉に鉦《かね》、太鼓を叩き出し、日本一やかましい祭といわれる。

「そらもう、うるそうて暑苦しゅうて、かなわんです」

と言いながらも目は笑っている。神社真ん前のここはたしかに音の坩堝《るつぼ》だろう。大きなガラスケースに祭の祭車《さいしゃ》(山車《だし》)の模型が飾られている。サイズは五分の一というがそれでも相当大きい。

桑名

祭車の階段下の彫刻は店にちなみ虎に変えてある。とらや先代が懇意にしていた、本物の祭車を作った職人に依頼し、職人は飾らせてくれれば金は一銭もいらんと心血をそそいだそうだ。虎は死して皮を残す。職人は仕事を残す。

近くの石取会館に本物が展示してあった。前に小輪一つ、後ろに大輪二つの三輪車だ。台木を「鬼木」、車輪を「破魔」という。屋根には三段十二張りの提灯を立て、全高およそ五メートル。そこにそれぞれ趣向を凝らし、天照大神、鏡獅子、蘭陵王、桃太郎の人形や、楠正成、弁慶牛若、風神雷神の刺繍幟《のぼり》を上げ、大変豪華だ。この行列が鉦、太鼓を打ち鳴らし夜通し練り歩くのは、さぞ賑やかだろうが、イヤホンで聞く実況は、どんどん、カンカンと古代へ招くようなのどかな調子だった。

それでは氏神様に道中安全のお参りだ。昼の春日神社はしんとしている。一角の白い玉石は、徳川時代、氏子が社地修理のため、桑名のはずれの町屋川から栗石を俵に詰め、鉦、太鼓で奉納したことから始まった石取祭の由来で、今も石を奉納するそうだ。

「お守りに一個もらってくか」

「神社からものを盗《と》る、かえってバチがあたるぞ」

「……そうだな」

おいらは力なく元に戻した。若い女性が足元に荷物を置き、何事か唱え一心に手を合わせる姿が美しい。

山車《だし》統《す》べて鎧《よろい》皇后《こうごう》立ち給ふ　誓子

句碑は祭車の神功皇后《じんぐうこうごう》を詠んだものとあった。

散歩がてら川岸の住吉浦に向かった。廻船の船溜まりに全国の廻船業者が協同して建立した住吉神社は、川の水中から上る石段を、二基の常夜灯と大鳥居が迎える美しい眺めと期待してきたが、探せども見つからない。人に尋ねると、なんと揖斐川改修のため取り壊され、上流に移転させられるのだそうだ。

何たる事だ。広い河畔は今も続く土木工事で一木一草ない惨憺たる様になり、彼方には悪名高い長良川河口堰が毒キノコのように大河を塞いでいる。無駄な河川公共事業はサツキマスや蛤、浅利などの天然資源を絶滅の危機にさらしたうえ、信仰篤い神社まで取り壊した。江戸期に河川修理に当たった薩摩義士たちは修理を終えたあと、費用の超過を恥じ、ともども自害したという。現代の腐った国土交通省役人どもに神罰よ下れ！

暗い気持ちで堤防を行き七里の渡しに来た。ここも大鳥居は河川工事の邪魔者のように、ちゃちな土塀《どべい》風コンクリートで囲まれ、敬う心のかけらもない。

東海道は熱田の宮から海路をとり、この七里の渡しに船が着く。そのとば口に立つのが泉鏡花の名作『歌行燈』に登場するかつての本陣、料理旅館の「船津屋」だ。昭和天皇は伊勢参拝時ここに泊まり、先ほどの「貝繁」の時雨蛤を献上された。小説では「湊屋」と書かれる。

桑名

——湊屋、湊屋、湊屋、此の土地ぢゃ、まあ彼処《あすこ》一軒でござりますよ。古い家ぢゃが名代で。……奥座敷の欄干《てすり》の外が、海と一所の大《いか》い揖斐の川口ぢゃ。（泉鏡花『歌行燈』より）

その名望も河口堰で台なしだ。

七里の渡しから再び始まる旧東海道は、両側に木造旧家が残り、石畳が敷かれたゆかしい町並だ。旅人に渡船の手配をする舟会所や人馬の問屋場があったという。洋食、料亭、うどん屋、仕《し》舞屋《もたや》旅館などの小体な家並は港の風がよく通るようだ。

町角で品のよい白髪のお婆さんが何となく我々を興味深そうに見ている。

「このへんはいいですね」

「そうですねえ、道は昔と変わらんです」

洋食「あづまや」は戦前は「東洋軒」といい、桑名初の洋食屋だった。料亭「日の出」は鰻や魚すきを出し、今は蛤鍋が名物。旅館「初音」は昔ここが花街だった頃の揚屋だったそうだ。かつてこのあたりは三味《しゃみ》の音が聞こえ、芸妓がゆきかい、夕方ともなると道のおちこちに松毬《まつぼつくり》で焼く焼蛤の屋台が出て、旦那と芸妓がひやかしてゆく姿が見られたという。往時、船を下りた街道両側に蛤を焼いて待っている光景は、旅人たちの伊勢に近づいた実感を高めたことだろう。

朝は毎日中学生が自転車で「しじみ、はまぐりどうですか〜」と売りに来た。砂出ししてあるので、売りに来るのを待ち、すぐ鍋に入れれば味噌汁ができ、それはおいしかったそうだ。お婆さんは昔は銭湯を開き、今は角で小さな煙草屋をしている。嫁いできた桑名はいいところでしたよと笑った。

すぐ近くに「貝繁」で教わった居酒屋「みくに」があった。〈蛤料理いろいろ〉とある。近くの「俵寿司」には〈焼き蛤蒸し寿司〉、洋食「あづまや」は〈蛤セット〉と、桑名はやはり蛤だ。

その先は『歌行燈』に登場するうどん屋のモデルといわれる「志萬屋」、今の名は「歌行燈」だが昔の名の方がいい。そろそろ夕方。古い木造二階家の古風な掛行灯に灯が入り、夕闇にぼおっと浮かび上がる光景は美しく、よき時代を思わせる。

——石高道をがたくしながら、板塀《いたべい》の小路、土塀《どべい》の辻、径路《ちかみち》を縫ふと見えて、寂しい処幾曲《ところいくま》り。やがて二階屋が建続き、町幅が糸のやう、月の光を庇《ひさし》で覆うて、両側の暗い軒に、掛行燈《かけあんどん》が疎《まば》らにく……。（『歌行燈』より）

「まさに声に出して読みたい日本語ですな」

版元・阿部屋がぽつりとつぶやいた。

いったん宿に帰って休み、「みくに」に出直した。

「んぐんぐんぐ、ひゃあうめい」

昼間よく歩いた。渇いた喉にビールがうまい。

桑名

ミニコンロの鉄鍋に酒、水、醤油少しと蛤を入れ、蓋をして蒸すのが当店流焼蛤だ。

「貝が乾かなくていいんですよ」

たしかにジューシーでおいしい。蛤鍋は豆腐、野菜少しに蛤がどかどかと入り、これもパカッと開いたらすぐ食べる。カツン、カツン。蛤は互いに叩いて鮮度と砂出しの具合を見る。その刺身が出て燗酒にした。

ツイー。

生蛤のぼってりした磯香を酒がすうっと消してゆく。おいらは刺身が一番いい。ふうふう吹く蛤茶碗蒸しが当然ながらまたいける。

「蛤責め、うまいうまい」

「おほほ、よく召し上がっていただいて」

戦前の美人女優・入江たか子に似るおかみさんが笑う。

古風な店の造りに、額入りの吉葉山、大鵬、若乃花などの力士手形がはなやかだ。亡くなられたご主人はたいへんな相撲びいきだったそうだ。

「名古屋場所のときは必ず誰か来たわね。市内より目立たなくていいって。この辺は昔は花街でね、踊りは西川、小唄は錦と、桑名は芸どころなのよ」

板前をつとめる花街育ちの息子さんは、子供の頃芸妓に可愛がられ、「子供貸してぇ」と、次々に回されていたそうだ。

「よく銭湯も一緒に入りましたよ」

「それはうらやましい」

「いや、まだ子供ですもん」

あわてて手をふり、我々は笑った。

「その銭湯はもしかして、今煙草屋さんの」

「あら、よくご存知で」

「石取祭は賑やかだそうですね」

「そうです、私は石キチなんですよ」

息子さんは身を乗り出した。祭が近くなると居ても立ってもいられない。ここ花街連は天照大神を奉り天幕の絵は七里の渡しという。

「日本一うるさい祭とか」

「うるさいうるさい、だからいいんですよ」

普段は静かな町が、この三日間だけは爆発する。

「そしてまた死んだようになる、ははは、私と一緒」

地元の祭話を聞きながら飲む酒がうまい。

「みくに、の名はどこからつけたんですか？」

「それは……、おふくろに聞いてください」

桑名

店の名は、おかみさんのご主人によるという。三人姉弟の二番めだったご主人は幼少に親と弟を亡くし、姉と二人きりになり、美人で評判の姉は芸妓になって弟を育てる決意をした。

やがて姉は自立を考え置屋を始めようとしたが、日中戦争の戦時色強まる時に置屋の新開店は制限され、周旋《しゅうせん》屋に頼み、福井の「三国」の看板を買い取った。

「それで始めたのがここです。ですからうちの二階は置屋の造りです」

弟は名古屋に働きに出たが徴兵され、戦後シベリヤに抑留、三年後ようやく引揚げ、学校の先生をしていたおかみさんと結婚した。ご主人の姉は、弟が無事還り、所帯をもって身を落ち着けたのを見届けるように病に倒れ、三十三歳の若さで美貌の生涯を終えた。

「川崎弘子と高峰三枝子を足して二で割ったような、それはきれいな人でした」

姉の死により、ご主人は置屋から料理屋に転身しようと、名古屋の有名なとんかつ屋「八千代」に修業に出たのち、姉の残してくれたお金をもとに開店、そのとき「三国」を「みくに」に変えた。今も品書に「とんかつ」が残っているのはそのためだ。店は繁盛し、ご主人は姉が守ってくれているといつも言っていた。

「みくに、の名は芸妓となって自分を育ててくれた姉への、主人の想いがこもっているんです」

「その主人も亡くなりましたが」と、おかみさんは独りごとのように話しを終え、酌をしてくれた。

桑名の居酒屋で、泉鏡花の一節を聞いているようだった。

一夜あけて四日市へ出発だ。腹ごしらえに花街のうどん屋「川市」に入った。「蛤味噌煮込みうどん」がおいしい。昨日最後の「蛤炊込みご飯」といい、桑名の蛤は堪能した。

空は青空、木は緑。今日も上天気だ。広重が風に飛ばされる菅笠を追う旅人を描いた三滝橋は、今はアールデコ親柱の立派な橋だ。絵師の弥次は熱心にスケッチしている。旧街道はゆるやかに道がうねって景色が変わり、歩いていて退屈せず、先人の知恵に感心する。

行く手に四日市名物・日永うちわ「イナトウ」という大きな店がある。日永うちわは江戸時代からお伊勢参りの土産に親しまれ、明治中期まで旧東海道に十数軒が軒を連ねたそうだ。丸い柄は手にした感触がよく、骨数が多いのでよくしない、風が柔らかくなびくという。

「イナトウ」二階のうちわ資料館で素晴らしいものを見つけた。それは戦後、商店がお盆などに配ったうちわの絵柄帳だ。写真をもとに人工着色された山本富士子、岸恵子、高峰秀子、若尾文子、香川京子、千原しのぶ、津島恵子らが、涼しげな浴衣や半袖の洋装に描かれ夢見るように美しい。高千穂ひづるは野良着の村娘、北原三枝は酒屋の娘に扮し醬油一升瓶を持っているのが泣かせる。すべて永年探し求めていたものばかりだ。夢中で写真に撮らせてもらった。

さらに行くと道の真ん中にこんもりと木が立ち、道が左右二手に分かれる「日永の追分」になった。大鳥居に常夜灯、「右京大坂道、左いせ参宮道」と深彫りされた石柱が高々と立つ。ここから右は京都、左は伊勢だ。東海道も半ばを過ぎ、入洛まであとひと歩き。おいらは祠の木桶にあふれる水で口をすすいだ。

桑名

「甘露甘露。さあて弥次さん行くぜ、道は左だ」

「おっと、その手は桑名の……」

「焼蛤！」

三人の声がぴたりと合った。

割烹　みくに
桑名市川口町25
営業11時～14時　17時～22時
電話0594（22）0471

志ぐれ蛤製造元
貝繁本店
桑名市殿町18
電話0594（22）0674

その十一　亀山宿之巻

悪の美学を　気どってみたが
仇討娘に　スタコラサ

東海道
居酒屋膝栗毛

東海道居酒屋旅を続ける戯画師・村松弥次郎兵衛、戯作者・太田喜多八、版元・阿部屋剛三郎の三人は今夜の泊まり、亀山宿をめざしている。もとよりみな亀山は初めてだ。

「本家・十返舎一九先生は、何と書いておられるかの？」

「それが弥次喜多は亀山に来てないんですよ」

「なぬ？」

本家は桑名の先、日永《ひなが》の追分から街道を左にとって伊勢に向かい、山田にて『膝栗毛』は終わっている。その後「伊勢めぐり」「伏見・京内めぐり」「大坂見物」を加え全巻の終わりだ。

「じゃ、東海道膝栗毛もここから京までは、おいらたちの平成版が初めてなんだ」

「そうなりますな」

「ようし、紀行文学名作の空白を拙者が埋めよう」

喜多八はやにわに侍言葉になった。浮世絵師広重は五十三次すべて描いているので、弥次郎兵衛はお手本がある。

「他に資料はないかの？」

亀山

「当時の旅行案内記『東海道道中記』には、関は宿よし、亀山は宿わろし、とありますな」

関宿は亀山の次だ。

「宿はわろしか。居酒屋はどうじゃ」

宿は寝るだけ、わしらに大切なのは居酒屋だ。

「一軒それらしきがあります」

阿部屋が市役所に問い合わせたところ亀山には居酒屋はなく、強いてあげるならと教えてくれたそうだ。

「無国籍料理とオーガニックワインの店だそうです」

「ワインか……」

亀山藩は東海道の要衝城下町として武術武道が奨励されたお堅い武士の町で、他宿のような賑わいはなかったと本にある。居酒屋がないのもむべなるかな。まあワインでもないよりはいい。

まず亀山城址を訪ねた。今日は午前中すでに三十五度を超える猛暑で、巨木に囲まれた石垣上の多聞櫓《たもんやぐら》に人影はなく、蟬しぐれだけが深々と響きわたる。亀山城は白壁の櫓が連なる眺めを蝶の群舞に例えられ、別名・粉蝶《こちょう》城といわれる美しい城だったが幕命により解体され、この多聞櫓だけが再建された。亀山藩は江戸時代、七家九度も藩主が替わり、それは要衝ゆえに強い藩にさせぬ政略だった。

多聞櫓に登ると亀山の町が見えた。起伏の激しい亀山市は緑の谷が続き、中心街がなく、駅や商店、役所、学校などが点在している。高い建物もない。

隣の亀山神社境内に亀山藩心形刀流《しんぎょうとう》の始祖・山崎雪柳軒の建てた演武場があった。心形刀流は天和《てんな》二年（一六八二）伊庭是水軒《いばぜすいけん》により開創され、江戸下谷に開いた道場は、千葉周作（北辰一刀流）、斎藤弥九郎（神道無念流）、桃井春蔵（鏡新明智流）と並び江戸四大道場と称された。雪柳軒はこの師範代をつとめて免許皆伝となり、元治《げんじ》元年（一八六四）亀山に戻り、道場を開いて亀山藩の御用流となった。明治以降、武芸各流派が急速に衰退するなか、雪柳軒は並々ならぬ努力で道場を存続し、現在、亀山だけが心形刀流を伝えているという。

近くに天を突くように、刀の形をした石碑〈山崎雪柳翁遺剣之碑〉が建ち、道場のまん中で割腹自殺を遂げた雪柳翁の、その時の刀が埋められている。〈明治二十六年建之〉揮毫は侯爵西郷従道だ。

「なんだかすごい所だのう」

「ヤットウに酒は禁物か……」

居酒屋気分も失せて、はるか下ると道路脇に、また大きな石碑があった。

〈石井兄弟亀山敵討遺跡　子爵石川成秀書〉

元禄十四年（一七〇一）五月九日早朝、石井源蔵・半蔵の兄弟が、二十八年目にこの場所で、父の敵《かたき》、赤堀源五右衛門を討ち取った。この敵討ちは「元禄曾我兄弟」と称揚され歌舞伎、講談になり、翌元禄十五年十二月の赤穂浪士討ち入りに大いに影響を与えた。説明板に入る豊国作の

亀山

錦絵、馬上の仇敵に白装束で斬りかかる兄弟が生々しい。

「こんどは敵討ちかよ……」

「酒なんか飲んでる場合じゃねーな」

隣の伊賀上野は講談『決闘鍵屋の辻』で知られる、剣聖荒木又右衛門助太刀の有名な仇討の場だ。このあたりは仇討名所か。亀山は猛々しいところだ。うなだれた三人はすごすご宿に向かった。

夕方、市役所に教わった無国籍料理の店「月の庭」に出かけた。

「何があろうと酒は飲む！」

「こうなりゃ敵討ちだ」

宿でひと眠りし、親の仇を討つごとく気力が戻った。タクシーで谷を下ってまた上がった静かな住宅街・南崎町に「月の庭」のしゃれたイラスト看板がでている。自然食系の店らしい。たまにはこういう所もいいか。

「ここだここだ。なぬ？　あちゃー！」

阿部屋が悲鳴を上げた。〝九月二日まで夏休み〟と貼紙が出ている。

「休みかよー」

「一ヶ月もかよー」

広い庭には高床の縁台が設けられ、酒料理を運ばせ、夜風に当たりながら飲んだらとても良さそうだ。

しかしこれは困った。突然行くところが無くなった。呆然とうろうろしていると奥から年配の方が出てきた。

「休みですか」

「ええ、息子は南の島に行くといって出かけました、毎年そうです」

あっそ。そりゃ結構なことだ。

庭から入ったログハウス風の店内は良さそうだ。そのまま向こうに抜けると通りに出て、そちら側は「自然食の店・岡田屋本店」になっている。ガラス保冷庫には三重の名酒「滝自慢」「るみ子の酒」に加え、「神亀」「月の輪」「杜氏の詩」など逸品がめじろ押しだ。

「店でこれを飲めるんですか」

「ええ、なんでも出してます。残念でしたねえ」

全くだ。阿部屋は未練がましく、竹皮を編んだわらじを買った。

「これ、ムレなくていいんですよ」

そんなことどうでもいい、わしらはこれからどうするのか。今夜の酒はどうなるんだ。

「もう怒った、この仇は必ず討つ！」

二十八年探し求めた兄弟もいるんだぞと息巻いたが、それきりで再びうなだれた。

とぼとぼだいぶ歩き東町商店街に出た。この町で初めてたずねた商店街に人の気配はなく、端から端まで歩いたが居酒屋は一軒もなかった。

「…………」

腹は減ったが行くところがない。猛暑はまだ続いている。このまま行き倒れるのか。ふてくされた三人はもはやばらばらに歩いている。「♪だかーらー、言ったじゃないの〜」

弥次の力ない鼻歌がわびしい。

左手に山形屋酒店という看板が見えた。ようし、奥の手、餅は餅屋作戦だ。

「ひえー、涼しい」店内の冷え冷えクーラーに胸元をバタバタさせた。清潔なガラスケースには亀山銘酒として「浮紅葉」「宮の雪」「喜代娘」が並ぶ。「笑顔」という酒のラベルの賛〝睦まじく笑う戸口や冨久の神〟がいい。よし笑顔だな、敵討ちじゃないんだからな。

飲み物を買い、尋ねた。

「亀山に居酒屋はありませんか」

「居酒屋ではないんですが、この先に『ちから』という鰻割烹があります」

しめた、そこでいい。

「今日、やってますかね」

「さあ、やってると思いますが」

阿部屋は用心深くなっている。笑顔のおっとりしたとても美しい若奥様だ。「あそこはおいしいですよ」かたわらのお婆さんの添える言葉が嬉しい。丁重に礼を言い店を出た。

やはり笑顔だ。果たし合いでは道は開けん。足取りも軽く行くと、あったあった、割烹旅館「一力」が経営するスタンド割烹のようだ。暖簾が出ている、やっている。きれいな敷石の玄関に歌舞伎のチラシが貼ってある。

〈霊験亀山鉾──亀山の仇討〉

「げ、また出た」

〝悪〟と大書され〝よみがえる南北の傑作！　仁左衛門の水右衛門、妖しく美しくそして恐ろしく！〟。伸びた月代で見得を切る大首絵は写楽筆だ。

なんだか仇討がついて回るなあ、と首の辺りをうそ寒く感じながら入った店内は、品よく落着いている。カウンターに座った。

ガシャーン、ングングングング……

ビールジョッキも割れよとぶつけ、すぐ口へ。

亀山

「ここで会ったが百年目、覚悟せい」

「ええい、もう一太刀！」

ジョッキを置かずにさらに飲む。やれやれ。

二階に三十人の宴会が入っているそうでカウンターの板長さんは大忙しだ。やがて大皿の刺身が届いた。もっちりしたコチ、甘みのあるアジ、さっぱりしたキス。寄せ返す波のように盛られたサンマの刺身は脂がのりすぎずうまい。

お酒飲む方に好評なんですよ、とすすめられた小アジ一夜干しがいい。この時期だけのもので、もう少したつと骨が硬くなるそうだ。オリジナルブランド酒「亀山城・亀の寒梅」はきつい辛口で武道の町亀山にふさわしい。

机に額入りの〈十五代　片岡仁左衛門〉の色紙が置かれている。

「先日お寄りいただいたんです」

「ほお！」

この十月三日（平成十四年）から二十七日まで東京国立劇場で上演される『霊験亀山鉾』のため、仁左衛門丈は七月二十九日亀山を訪れ、モデル赤堀水之助（源五右衛門）の墓参をし、舞台の成功を祈願、その帰りにここで食事をとった。ホームページをプリントアウトしたものにはさつきの仇討碑の脇に立つ写真も出ている。

石井兄弟仇討に材をとる鶴屋南北の通し狂言『霊験亀山鉾』は、平成元年に百八十年ぶりに復活上演されて評判となり、今回仁左衛門が、敵役をふくむ三役に挑む。お家の跡目相続を賭けた御前試合の怨恨が仇討に発展し、兄、その妻、遺児、さらに弟が次々に返り討ちにあう凄惨酷な筋だ。仇討ものは敵をいかに憎々しく描くかが要で、悪の権化が美学にまで昇華されるという。

「悪の美学、これだ」

「亀山の居酒屋を端から討ち果たしてくれん」

「それには精つけねば」

いかだ大串の鰻蒲焼は、蒸さずに直焼きの関西型でパリッとしてうまく、さすが創業昭和十六年、老舗の味だ。さらに肝焼きもとり、額も目もぎらぎらさせた悪の美学三人組は店を出た。

次は焼鳥屋「庭鳥」だ。阿部屋は再び市役所に電話し、だいぶ待たされてようやく一軒教わっていた。役所の方は真面目であまり居酒屋は行かないらしい。

タクシーに乗り町並を眺めた。

「お、あれは居酒屋じゃないか！」

住宅街にぽつりと「吉備路」と暖簾が出ている。

「そうです」女性運転手が答えた。

「亀山の居酒屋ほかに知らない？」

「えーと、おでん屋なら知ってますが」

「おお、それでいい」

亀山

「備後屋、亀山じゃ一番古いんじゃないですか」

これでもう一軒みつかった。運転手さんはクリーニング屋をしていたご主人が飲みに出るとき、いつも車の運転手で連れていかれたそうだ。いや収穫収穫。

町から外れた国道三〇六号線沿いに、ガーデニング店のようなログハウスが建ち、主人らしきが水道ホースで植木にザーザーと水をやっている。

「ここが焼鳥の庭鳥ですか？」

「そうです、どうぞ」

隣は園芸店をしながらお父さんがやっている「スナック庭」で、こちらは息子さんの焼鳥「庭鳥」ということだ。カウンターに陣取り開いた品書きに〈伊勢赤どり使用炭火焼〉とある。〈当店人気ベスト3　1せせり　2皮　3ねぎま〉をそのまま注文した。白Tシャツにタオル鉢巻のまだ若い大将は「この辺で炭火焼はウチだけですよ！」と威勢がいい。

「お、これはうまい」阿部屋がせせりに声を上げた。「鶏のここんとこ」と大将が自分の首をぴしゃぴしゃ叩く。鶏はクイクイと首を振る。動くところが何でもおいしい。外側は白、中は桃色のさっと火にかざしただけの鶏たたきは、もっちりしたコクがあり、こんがりとろりのレバーがまた良く、追加すると「レバーカンバックツーミー」と弥次がつぶやいた。

「亀山にいい居酒屋はある？」

「ない！」

きっぱり断定する。飲むときは大体隣の鈴鹿に行くそうだ。

おいしいシシトウで切り上げ外に出ると、暑かった一日もようやく夕暮れとなり、遠い山並みに一番星がくっきりと光る。あの下は鈴鹿峠か。阿部屋が携帯電話でタクシーを呼ぶ間、道端の縁石に腰を下ろした。打ち水された植木を渡る風が気持ち良い。仇討ち旅二十八年の間には、こうして途方にくれ道の端に座ることもあっただろう。わしらもわらじをはいてはや幾日。仇はいまだ見つからず。江戸に残した妻や子は……。

「くるま来たよー」阿部屋が呼んだ。

「吉備路」の小さなカウンターに座り本日三度目のビールを飲んだ。焼鳥のあとに冷やしトマトがうまい。作務衣《さむえ》の主人は下ぶくれの顔に愛敬がある。

「亀山に居酒屋は少ないようだね」

「そうですね、炉端焼の飛車角と、あとはチェーン店の徳兵衛、養老之瀧ですか」

街道沿いにそんな看板を見たような気がする。仇探しも大変だ。「昔の卵焼き」というのをしみじみつついた。

さあてもう一軒。教わったのは、またまた遠く離れた東御幸町。関西本線亀山駅の近くというが、人っ子一人なく、そういえばこの町でまだ一度も通行人に会っていない。寂しげな暗闇の裏通りを行くと、遠くにぽつりと木造二階家からもれる灯が見えた。まさに「暗夜行路」。吸い寄せられるように近づくと「一品料理酒処　備後屋」と白暖簾が下がり、玄関脇にはおなじみ貧乏徳利を提げた狸公もいて、本日では最も居酒屋らしいたたずまいだ。

玄関を開けると、コの字カウンターに広い座敷のゆったりした店内は余計なものがなく小ざっぱりし、茶髪の中年主人とお母さんが立つ。

「お酒は何にしますか」

さすがにビールはもういい。壁に三重の良酒「若戎《わかえびす》・義左衛門」のビラがある。これだこれだ。

ツイー。

ひんやりとさわやかな酒が喉を伝い、ふうと一息ついた。

「おでんね、……豆腐、白滝」

「はい。芥子《からし》、味噌、どっちにしましょ」

「ん？」

たのんだ味噌は甘く小苦く、少し刺激もあって独特だ。このあたりはまだ味噌味の中京圏なのだろう。味噌だれは、昭和二十年に二十歳で亀山に嫁いできたお母さんの仕事で、八丁味噌にザラメと生姜をすり入れ、大鍋で煮て作り置きしておくそうだ。「この味噌いいねえ」と阿部屋はそれを肴に飲んでいる。

カウンターのおでん舟を取り囲む燗付け用の銅壺《どうこ》がいい。十六穴もあるのは昔は繁盛した証だろう。おでんの他に料理もいろいろある。

「ここは何年になりますか？」

「もう七十二年です」

三代前に広島の三原から出てきてこの店を開いたそうだ。それで「備後屋」という。先ほどの「吉備路」は奥さんが岡山の出身、山形屋酒店もあったたし、亀山は、やはり街道の要衝で全国から人が来ているようだ。

「ここに潜伏していれば仇も見つかるな」

「はあ？」

いや、こちらのこと。

「なんだかたいへんな一日だったなあ」

「まあ、霊験あらたか亀山の宿、古い居酒屋も見つかったし、よかったじゃないですか」

悪の美学もいささかくたびれた。おいらは背を伸ばし、ぐっと見得を切った。

「居酒屋成敗の悪業も〈チョーン〉ア、これまでー」

「♪だかーらー、言ったじゃないの〜」

弥次公の鼻歌が寂しく響きましたとさ。


翌朝亀山をあとに関に向かった。江戸期、近江・逢坂の関、美濃・不和の関、伊勢・鈴鹿の関を「三関」と称し、鈴鹿峠手前の関宿は他宿がうらやむ賑わいだったという。一・八キロにわたる町並の七割は戦前の建物で、東海道で最も往時の姿をよくとどめ、国の伝統的建造物保存地区となっている。ゆるやかにうねる街道両側に格子の二階家が続き、地蔵院の大甍《いらか》が遠望されるあたりの眺めは素晴らしく、弥次喜多気分も満点だ。

町並のまん中にどっしりと建つ地蔵院本堂は、塀で囲まれず、道から地続きに境内になるのがいかにも街道の寺だ。道中無事の手を合わせ、広い濡縁に腰かけると風がよく通りたいへん気持ちがいい。思えば遠くに来たもんだ。ここでごろりと横になり昼寝したいがバチがあたる。すぐ前の茶屋「あいづや」に入った。

ングングングング……

炎天下を歩いて来た昼間のビールがたまらない。手づくりのコンニャク煮、ピリ辛レンコンに、ただ今揚げたてアジフライで、言うことなしだ。

「おお、こりゃいける」

弥次が声を上げげた名物山菜おこわは本当にうまい。

「椎茸でだしをとり、お釜を薪で炊くのよ」

台所の奥を見ると懐かしい堂々たるへっついに大きな羽釜《はがま》がでんとはまっている。店のおばさんはたいへん優しく愛想よく、やはり亀山とはちがう。

壁に「鈴鹿馬子唄」の一節がある。

〽関の小万が亀山通い

月に雪駄《せった》が二十五足

「関の小万て誰ですか」

「それはね」

小万の父・藤左衛門は小万がまだ母の腹にあるとき殺され、母は身重のまま仇討を決心しこの関宿まで来たが、旅籠山田屋で女児小万を産み、産後の肥立ち悪く山田屋の主人にいきさつを告げ亡くなる。不憫に思った主人は小万に本懐を遂げさせようと亀山で剣術を修行させ、天明三年（一七八三）小万十八歳のとき、ついに仇討を果たした。美しい娘小万はその後山田屋に孝養を尽くし、三十六歳の若さで亡くなった。その山田屋が今は屋号の変わったこの「あいづや」だ。馬子唄は亀山の道場に通う小万を歌ったものという。

「ま、また仇討か」

「逃げよう」

悪の美学三人組は酒代を投げ置き、すたこら街道を駆け出した。その先に鈴鹿峠が見えている。

亀山

割烹　ちから
亀山市江ケ室1・3・13
営業16時半〜21時半
電話0595８（2）0152

備後屋
亀山市東御幸町111
営業16時〜22時　日曜休
電話0595８（2）0455

その十二

大津宿 之巻

峠下れば　湖《うみ》の国
近江八珍　さがした夜は

東海道
居酒屋膝栗毛

仇討騒ぎの亀山を逃れ鈴鹿峠を越えると、阿部屋剛三郎が道端に座りこんだ。

「どうも膝が……」

長旅に疲れたか、巨体を支えきれぬのか、持病の膝が痛むらしい。

「ではさようなら」

「ちょっと待ってよ」

あっさり言ってくれる弥次に阿部屋はふくれたが、これ以上歩くのはつらそうだ。

「ほほほ、後はおまかせを」

並木の陰から現れた声は、浜松で別れたはずの鳥追女マチコだ。

「マチコ、いたのか！」

原稿取り追いのマチコはお役目交代したが、旅の楽しさが忘れられずこっそり後を追っていたという。それじゃよろしく頼むわと阿部屋は路銀を預け、しばし療養することとなった。

「京都のすっぽんは食べとくからなー」

「えーん、待ってろよー」

大津

無情のせりふに泣く阿部屋を残し、弥次喜多マチコの再会三人組は再び旅を続けた。

道の左に石山寺の大きな山門が見えてきた。ここはかの紫式部が『源氏物語』の構想を練った寺として知られている。おいらは身は戯作に落とせども文才にはあやかりたい。道中安全、文運隆盛、ついでに阿部屋の膝完治と盛りだくさんの祈願をしてゆこう。

山門に続く石畳参道の、色づき始めた紅葉が美しい。


「山門を額縁にして紅葉かな」


「いいわねー」

マチコにほめられ弥次は満更でもない。その先に紫式部供養塔と芭蕉句碑が並び建っている。

源氏の間を詠む

あけぼのは まだむらさきに ほととぎす

「夜通し物語を練り、明け方を迎えた紫式部だな」

「鳴くほととぎすに朝を知ったのね」

「テッペンカケタカ」

大石段を上がりきると、石山寺由縁の巨石が隆々とそびえ、鮮やかに紅葉が映える。さらに登るとはるかに琵琶湖を遠望する雄大な眺めになった。遠くの橋は「近江八景」の一つ「瀬田の夕《せき》照《しょう》」の瀬田の唐橋《からはし》だ。

三井の晩鐘
唐崎の夜雨
堅田の落雁
粟津の晴嵐
矢橋の帰帆
比良の暮雪
石山の秋月
瀬田の夕照

中国の「瀟湘《しょうしょう》八景」にならった近江八景は、広重描く名画が残されている。やがて奥社に至り三つの祈願をすませた。

山を下った街道に沿う、広々と水ゆたかな瀬田川を練習のレガッタがゆく。

〽われは湖《うみ》の子　さすらいの
旅にしあれば　しみじみと
のぼる狭霧《さぎり》や　さざなみの
志賀の都よ　いざさらば

大津

大正八年に作られた京都旧制三高ボート部の「琵琶湖周航の歌」は、ボートで琵琶湖を巡る情景をしみじみしたロマンチシズムで描き人々に愛唱されている。おいらも大好きだ。ついにこれを歌える所に来たか。

〽松は緑に　砂白き
雄松《おまつ》が里の　乙女子《おとめご》は
赤い椿の　森蔭に
はかない恋に　泣くとかや

ニキビ面の高校生のころ、二番最後の節はとりわけ声を張り上げたものだった。むにゃむにゃ歌っているとさきほど山から見た瀬田の唐橋に着いた。

白い桁、緑青の擬宝珠《ぎぼし》、ゆるやかに弧を描く大橋は宇治橋・山崎橋とならぶ日本三大名橋と称され、京都の要として唐橋を制す者は天下を制すといわれた。

われも近江八景を描かんと、スケッチに余念のない平成の広重こと絵師の弥次を残して、橋詰めの土手に腰をおろししばし休息した。

やがて本日の泊まり大津宿に入り、旧東海道の京町両側は千本格子の古い商家が続く。辻に建つ石碑〈此附近露国皇太子遭難之地〉は、明治二十四年訪日中のロシア皇太子ニコライ殿下が、ここで警備の巡査の一人に斬りつけられた大津事件のことだ。

〈御饅頭処〉の古い扁額《へんがく》の上がる「梅村商店」はガラス蓋の大きな平台箱に饅頭を数個ずつ並べ置いた大変古風な売り方だ。砂糖・餅商として創業二百年という。

昔は祝い事には饅頭と決まっており、総螺鈿《らでん》に朱色鮮やかな「行器《ほかい》」という箱で、景気よく納めたそうだ。店先でいただいた「ニッキ団子」の懐かしい辛み甘味、もっちりした口触りはさすがに老舗の味がする。

脇路地に入ると飴屋が仕事をしているのが、ガラス戸ごしに見えた。

「ちょっと見せてもらっていいですか？」

「どうぞどうぞ」

釜、たらい、仕事台のおよそ簡素な土間に老夫婦二人。まだ柔らかい大きな塊の飴を、お父さんが柱から横に突き出た棒に絡めどんどん延ばしてゆくと空気を含み、束ねた銅線のように光る。飴はこうやって作るんだ。やがて親指くらいの太さに絞り、お母さんが鋏でちょきちょき切ってゆく。その一つをもらい口に入れた。まだ温かい飴玉は黒砂糖にこれもニッキが利き、おおなんと純粋な懐かしき味のすることか。「お母ちゃーん」おいらは涙が出そうだ。

形が琵琶湖のタニシに似ているので名前は「タニシ飴」。一袋二百十円、一粒十円。私は三代目「下村商店」のこの飴を、日本人全員に食べさせたい。

「うふみゃいなは、こにょ飴」

三人は口でころがしながら本日の宿にたどりついた。

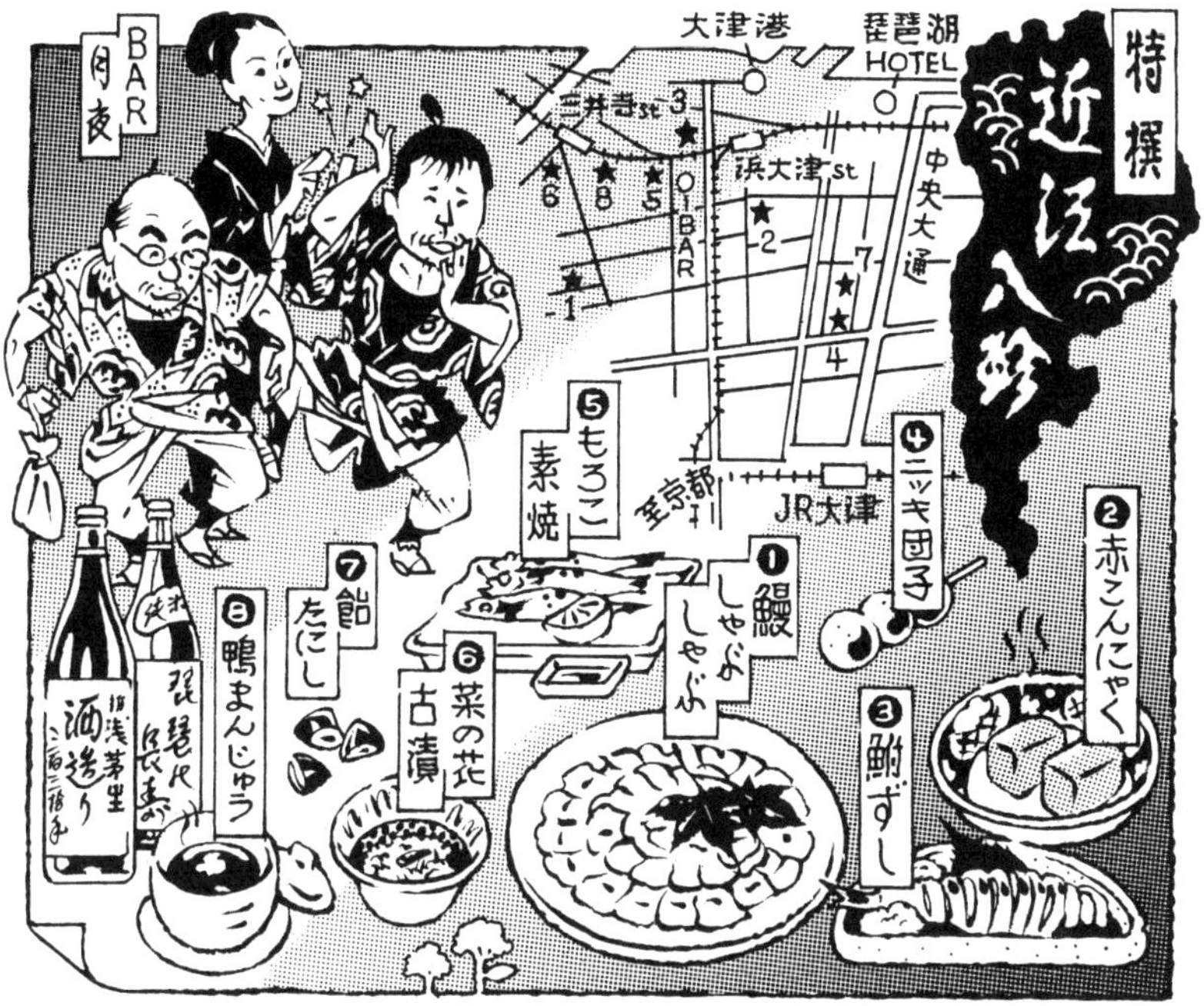

日が暮れて、さて居酒屋だ。中央町の「でんや」に上がり、瓦のように銀黒に光るかまどを囲むコの字カウンターに座った。かまどにはおでん舟がのる。

古い町家に手を入れた店内に若い娘さんが楽しげに働き、板前の主人はまだ若いが料理人の眼光がある。

「おつかれさーん」

交わす酒、滋賀長浜の銘酒「琵琶之長寿」がうまい。鳥追マチコと飲むのも久しぶりだ。

「少し太ったかい？」

「それを言わないでよー」

黒豆の枝豆、これ体にいいのよーともりもり食べる。

「エリンギとほうれん草、これも体にいいのよ」

すっかり体にいい、の人になったようだ。

「鰻の柳川、これは特にいいわね」

食べ過ぎは体にいけないんでないかい。おいらはおでん、太らぬようにコンニャクだ。そのコンニャクは色が赤い。近江八幡のコンニャクは赤いのが普通で、鉄分を加えるのだそうだ。派手好みの織田信長が赤く染めさせたという説もある。味は普通と変わらない。

「鉄分もとらなくちゃ」

マチコの箸も出る。名物赤コンニャクか。ウム、おいらはひらめいた。

「近江八景にちなんで近江名物を八つ選ぶ、近江八珍はどうだ」

「おもしろいわ、体にいい八珍ね」

それはともかくまずニッキ団子、タニシ飴、赤コンニャクが選ばれた。

「ようしあと五つ、時間がないぞ」

訳もわからずこうしちゃいられないと腰を上げた。

大津はＪＲ大津駅よりも京阪電鉄の浜大津駅周辺に居酒屋や料亭が集まっている。京都・大津を結ぶ京津線は道路の真ん中をゆく懐かしい路面電車で、もう京都はすぐそこなのだ。暗い路面に明かりを漏らし、ガタンゴトンと四両の電車が登ってゆく光景はなかなか幻想的だ。

その駅前ビルの居酒屋「権兵衛」に座り鮒寿司を注文した。琵琶湖産のニゴロブナをご飯と醗酵させた鮒寿司は寿司の原型といわれるものだが、フナがほとんど獲れなくなった今は超貴重品となり値も張る。近江八珍ならこれをおさえておかなければ。

どろどろに溶けた米をまとった一尾を三ミリ厚ほどにスライスしてあり、腹に抱いた朱鷺《とき》色の子が見える。初めての弥次とマチコは強烈な臭いにたじろいだ。

「これはこのまま食べるの？」

「そうです。お茶漬けにもしますが」

見守る主人に二人は恐る恐る箸を出す。

「……酸っぱいのね」

「ビールには合わんな」

「ビールはだめですよー」

主人が手をふる。六月に漬け込み正月ごろから食べ始める。これは堅田の専門店で漬けたのをここで養生させたものだが、来年は久しぶりにフナが手に入り最初から作る。作り手により皆味が違うそうだ。ヨーグルトのような酸味と米のコクが持ち味だ。

「弥次さん、どうかね」

「鮒寿司や……」

「おっ、俳句か」

「いのちのはての腐敗臭」

「…………」

名作「湯豆腐やいのちのはてのうすあかり」の作者・久保田万太郎も絶句したことだろう。

続いて電車の線路が二股に分かれるあたりの角の居酒屋「おふく」ののれんを分けた。

なにか八珍は？　オ、あるある。

「琵琶湖産本もろこ素焼き、これちょうだい」

「もろこし？」

「ちがうちがう」

もろこは琵琶湖を代表する特産淡水魚である。

「これは、ほんもろこ。珍しいですよ」

五十年続く「おふく」の三代目はまだ若い。全長十センチ、腹だけにやや薄赤色を感じる白銀の成魚が三尾並んで出た。背が一直線の端正な形だ。塩もせず焼いただけの素焼きをおろし生姜と二杯酢で食べる。

さく。……味がない、と思ったが、土くさい郷愁がわいた。塩のない古代は川魚を素焼きで食べていただろう。そのはるかなる記憶が戻ったようだ。

「弥次さん、どうかね？」

「もろこしや……」

「もろこしじゃない！」

俳人もこの玄妙な味は、句にしにくいようだ。

大津

「マチコどう？」

「体にはいいわね」

もういい。淡水魚の宝庫だった琵琶湖は今ブラックバスやブルーギルの大量繁殖が大問題なのだそうだ。

さて、三軒続きひと休みしたい。筋向かいの小さなビルの中のバー「月夜」に入った。

エレガントな応接間風の内装、暗めの照明に浮かぶ三日月形に浅くカーブしたカウンターに立つのは、着物を召した、小顔が満月のように丸い妙齢の美人で緊張した。

「いらっしゃいませ」

「あうあうあうあう」

とは言わないが、ほとんどそんな感じで席に着く。

「何をおつくりしましょう」

「サイドイサイサイドイ、サイドカー」

アガってしまい、まともに注文できない。

気を取り直して頼んだバナナ風味のオリジナルカクテル「十三夜」はとろりと甘くおいしい。アールデコ調の豪華なグラスだ。

ワイングラスを傾けながらこちらを興味深そうに見ていた男の一人客が、たまらず話しかけてきた。地元のその人によると大津は過去に四度栄えたそうな。

「天智天皇の近江京、戦国時代の大津城、湖上交通の明治近世、そして戦後進駐軍時代」

昭和三十二年までこのあたりは進駐軍の駐屯地で、その名残りで飲食店が多いのだという。

「今は？」

「今は再び眠りの季節」

詩的に答え赤ワインをぐびりとやる。いろいろ知っていそうな人だ。

「大津のよい居酒屋を教えてください」

ウーン。彼はにんまり笑い、あごに手をやった。

そこを出て推薦の店に向かった。わかりにくいからとその人を店番におき、月夜のママさんが道案内だ。

「いいんですか？」

「大丈夫よ」

案外遠く、暗い道を着物の美人ママさんと並んで歩く。何か話をしなければ。

「あうあうあうあう」

とは言わないがそんな気持ちだ。

「月の夜は、好きなひとを思い出しますね」

とかなんとか言っちゃって、ようやく（長く感じた）その店「おゝ杉」に着いた。

「どうもありがとう」

大津

彼女は答えず、それまで前に合わせていた手を左右に開き我々の顔前でカチカチと切り火を打った。なんと店を出るときから火打ち石を隠し持っていたのだ。

「では、行ってらっしゃいませ」

一礼し、くるりと踵を返し今来た夜道に消えてゆく。去り際あざやか。

大津にかぐや姫がいた——。

カウンター割烹「おゝ杉」は繁盛で詰めてもらい隅に座れた。白衣の誠実そうな板前を中心に女性二人がてきぱきと働き、次々にとぶ注文が料理のうまい店とわからせる。ワイン氏がまず挙げた店だ。

さあて。造りはかんぱち、よこわ、めだい、など。甘鯛塩焼にクエなべ、鯨の生コロと水菜のしゃぶしゃぶしゃぶもよさそうだ。すっぽんの甲羅もずらりと並び、居酒屋とはひと味違う品ばかりだ。

「何にする？」

「うーん」

「よし、当店名物鰻のしゃぶしゃぶ、これいこう」

主人の顔がパッと輝いた。初めての客に自信の品を注文されたうれしさか。早速鰻の頭に串を打ち捌《さば》き始め、身を乗り出して見るとなかなかの大物だ。

「琵琶湖産の天然です。これだけのは滅多にないです」

峰がとても厚く刃は短いナタのような京包丁というのを使う。重さをつけているのだろうか。

主人は京都で板前修業をしたそうだ。

「さあできました」

大皿に菊造りに盛られ、ハモのようだ。紅葉が色を添える。土鍋には鰻の生肝が浮かび、いつでもどうぞと煮えてきた。では。

ぐらぐらのつゆに、いま捌いた活鰻の一切れを浸すとぱーっと脂が散る。数秒泳がせ、身がふくらみ、色がなお白くなったころ引き上げ、ぽん酢につけて口へ。

「………！！」

歯ごたえあって柔らかく、さっぱりして脂気あり。形容矛盾ばかりだが、何よりも鰻の香りが素晴らしい。争うように二切れ三切れとすすみ、三人は期せずしてわははと笑いだした。

「こりゃうまい！」

「体にもすごくいい！」

絶賛また絶賛にこんどは主人と女性が笑いだす。そのあとの鰻雑炊の素晴らしさは言うまでもない。

「ああうまかった。これで六珍、あと二つ」

「オレはもういいよ、あれで大満足」

おゝ杉を出て、弥次公は楊枝をつかう手をふる。

しかしまあ目標を達成しよう。三井寺に向かう暗い夜道には人影なく、三人だけがぷらりぷらりと行く。

「旅はいいわねー」

マチコのひとり言に実感がこもる。やがて先に「あきら」の灯りが見えた。

年輪を感じさせるしぶい店内のカウンター割烹だ。深緑の着物、鬼瓦のごとき容貌に目が優しい主人おすすめの「鴨万十《まんじゆう》」は予想に反し、茶わん蒸しのような蓋物で、トロリとした葛あんかけにおろし生姜がのり、鴨の団子が沈む大変凝った品だった。

「鴨を炊きしめてつくね芋、じゃが芋と揚げて、その後蒸してあんかけにする、大正の頃の古い京料理です」

「みやびねー」

マチコがうっとりとつぶやいた。

さあて最後だ。小さな三井寺駅の前に、軽快でモダンな構えの創作料理「しな川」が小さく明かりをつけている。

座ったカウンターは明るいバーのようだ。BGMにソウルミュージックが流れ、丸刈り黒Tシャツの若い主人が寡黙に働く。さすがに腹もいっぱいになり何か軽いものをお任せでお願いした。

万治元年（一六五八）創業の大津の酒「浅茅生《アサジヲ》」純米がうまい。

浅茅生のしげき野中の真清水は

いく千代経《ふ》ともくみはつきせじ

ラベルに入る後水尾天皇皇子、聖護院宮道寛賜歌はこの地の水のよさを歌う。後水尾天皇は京を追われ大津の地で寂しい年月を過ごした。山吹色と水色のぼんやりした配色は大宮人の寂寥を感じさせ味わい深い。

「こんなものどうですか」

小鉢に入るのは、浅黄色の葉に山吹色の小花の漬物だ。

「菜の花の古漬です、田上《たなうえ》のおばあちゃんの」

滋賀県田上地方は雪が降ると陸の孤島となる僻地で、そこで作る一年ものの菜の花古漬は独特の風味を持ち「コアなファン」がいるそうだ。

「おいしい！」

漬物にうるさいマチコが声を上げた。酸《す》っぱい古漬はブルーチーズの匂いに菜の花の香りと苦味がして、やがて小汗をかき結構辛いことがわかる。これは珍味だ。

「私、白粥でこれ食べたい！」

なるほどいいな。三人は黙々と箸をのばし続けた。

ひと夜があけた。今日もいい天気だ。

大津

「で、どうなった？」
「よし、発表。特撰・近江八珍ーん」
・梅村商店の「ニッキ団子」
・下村商店の「タニシ飴」
・でんやの「赤コンニャク」
・権兵衛の「鮒寿司」
・おふくの「もろこ素焼き」
・おゝ杉の「鰻しゃぶしゃぶ」
・あきらの「鴨万十」
・しな川の「菜の花古漬」
パチパチパチパチパチ……。いやあ、やれやれ。
街道は谷あいの峠に入り、両側から間近に山が迫る逢坂山の関になった。

これやこの行くも帰るも別れては
知るも知らぬも逢坂の関

小倉百人一首に有名な蝉丸の歌は誰もがここを通らねば京に入れないことを歌っている。峠を越すと広重描く月心寺走井の井戸があった。今は精進料理を供す寺で、井戸は変わらず水をたたえている。あとひと歩きで東海道五十三次も終点の京都だ。

いよいよ入洛。弥次喜多に鳥追女マチコの足も軽い。

「オレを忘れるなー」

どこからか阿部屋の声がした。

大津

割烹　お〻杉
大津市長等3・5・36
営業17時30分〜26時
日曜休
電話077（526）3824

下村製菓所（飴や）
大津市中央2・6・27
営業9時〜18時くらい
電話077（522）4836

その十三
京都宿
完結之巻
東海道
五拾三次
大尾
京師
三條大橋
上がりの夢は　京まぼろしか
酔いどれ二人の　旅の果て
東海道
居酒屋膝栗毛
弥次画

山科をぬけていよいよ京に入った。ここは三条大橋。東海道は起点日本橋、終点三条大橋。百二十六里六町一間（約五百キロ）の橋から橋への旅だ。

「よく来ましたのう」

「長旅ごくろうさんでした」

膝の具合もおよそ癒え、鳥追いマチコに替わりカムバック、つえを手にゴールはあっしがとかけつけた版元阿部屋がねぎらう。

長大な三条大橋の親柱は背よりも高く、往来賑やかに着物の女性が幾人もすたすたと行く。欄干にもたれて眺める鴨川は幅一杯に水が流れ、遊歩道が沿い、ときおり白鷺が舞う。「鴨川をどり」の看板を上げる岸の先斗町《ぽんとちょう》歌舞練場から、木造二階建ての料理屋が川に張り出して川下にどこまでも続く。夜は灯がともり、さぞかし華やかなことだろう。

「京の町はええのう」

「ほんになあ」

お上りさんの東者にはなにもかも情趣を感じ、遥けくも来たものだと感慨にふけった。

京都

「さあて、おらァ、腹がへりまの大根だ」

弥次が本家の台詞を引いた。

「ではいよいよスッポン！」

空《す》きっ腹には勝てない。道中、京に着いたらスッポンと唱え続けてきた。上方の人はスッポンを食い、それは極上の味でしかも滋養強壮、精がつくと聞く。長旅の疲れをとるにはこれにかぎる。

やってきたのは祇園花見小路。忠臣蔵大石内蔵助遊興で知られる一力茶屋は、黒柱に紅殻《べんがら》の壁が鮮やかだ。前のハイヤーに若い舞妓さんが発車を待っている。

「美しいのう」

「どんなお人が待つのかいなあ」

縁のない我々三人は遠くからしばし眺めた。

このあたりは一階は千本格子、二階は簾《すだれ》をおろした京町家が美しい家並みをつくり、どこも敷居が高そうだ。一力すぐ裏路地の「ぎをん　や満文」も典型的な古い京町家に白い丸提灯、上品に小さな茶の暖簾がかかる。

おそるおそる戸を開けると、石畳の先が玄関式台だ。通された舟天井の小間は、吹き抜けの坪庭から柔らかな光が届く。低い入口に頭をぶつけたが腰を下ろすと落ち着き、天井低く狭いのは刀を振り回せないためという阿部屋の解説に、一同うなずく。

「ええどすなあ」

た。

「みやびどすえ」

「おおきに」

怪しげなにわか京言葉で相好をくずしていると白衣の若いのがふすまを開け、注文をうかがった。

「スッポンコース、あとお酒をつけてください」

「はい、お銚子何本しまひょ」

「んーと、とりあえず二本」

これが追加四回、計十二本になろうとは誰が知ろう。

飯（卵）をたっぷり抱いた飯蛸《いいだこ》と鯛の子の「炊《た》いたん」のお通しから、スッポン生肝、山吹色の卵ののる生肉刺身、白髪葱・針生姜たっぷりの鼈甲《べっこう》煮、唐揚げと続き、赤銅色大土鍋のスッポン鍋になって主人があらわれた。

「これでおきまりです、あとよろしければ雑炊でもお餅でも入れまひょ」

「いやーご主人、最高ですなあ」

我々はできあがり、関東お上りさん丸出しだ。や満文は夏は鱧《はも》、秋は松茸、冬はフグとスッポン。この家は少なくとも百年は経っているらしい。

「どうぞごゆるり、おおきに」

主人は去り、我々は鍋にとりかかった。

京都

「弥次さん、スッポンのエキスをどうぞ」

「エキスキューズミー」

雑炊に餅も入れ腹はぽんぽこりん。人が来ないのを幸いごろりとなったがいつまでもいられず、店の名刺をもらい外に出た。またぜひ来よう。

「……さて」

本家弥次喜多にならい我々も清水寺参詣に向かった。曇り空から舞いはじめた雪が朱塗りの八坂神社に映える。冬二月。冬の京都は寒いと聞いたがその通り。スッポンで温まった体も、もう頬のあたりは冷たい。

山門をくぐると、神楽《かぐら》舞台に華やかに提灯が三段に回り節分会豆撒きの支度が整っていた。豆花、まめ勇、豆璽に、安藤孝子、井上八千代、山縣佳つ乃の名もある。先斗町歌舞会奉納舞踊「梅にも春」がいい。境内の絵馬は時節柄、受験合格祈願だ。「雪に絵馬……」弥次公は得意の句作に余念ない。

八坂神社を抜けた石塀小路《いしべいこうじ》の、狭い石畳を挟む小さな旅館や料理屋はどこも品よく魅力的で、中年アベックがうっとりと歩いて行く。

「不倫カップルの憧れの地ですかね」

阿部屋が露骨なことを言う。やがて二年坂、産寧坂、清水坂と観光客で賑わってきた。本家道中記に「はやくも清水坂にいたるに、両側の茶屋　軒ごとにあふぎたつる……」とあるとおり、京漬物、清水焼など土産物屋が並び声をかける。最後は急坂になり山上の清水寺大伽藍・国宝本堂舞台に着いた。

「絶景、絶景」

「む、できた」

——雪《ゆき》に絵馬《えま》　八坂《やさか》の傘屋《かさや》　前《まえ》に消《き》ゆ
「？」

「上から読んでも山本山」

そうか、回文俳句か。それならようしおいらもと、しばしむにゃむにゃ。

——その傘屋《かさや》　実《じつ》の名《な》野辻《のつじ》　八坂《やさか》の祖《そ》
八坂神社の先祖・野辻なにがしは傘を商っていたが、ある雪の日、絵馬を残して消えたそうな……。


さて京の夜となった。まずは北野天満宮に近い、昭和九年開店の古い居酒屋「神馬《しんめ》」だ。西陣千本のこのあたりは、かつて水上勉の小説で映画にもなった遊廓・五番町夕霧楼があったところだ。白壁酒蔵風建物に大きく「銘酒神馬」と浮彫され、年季の入った格子窓や丸柱がつやつやと赤い丸提灯に照り映える。

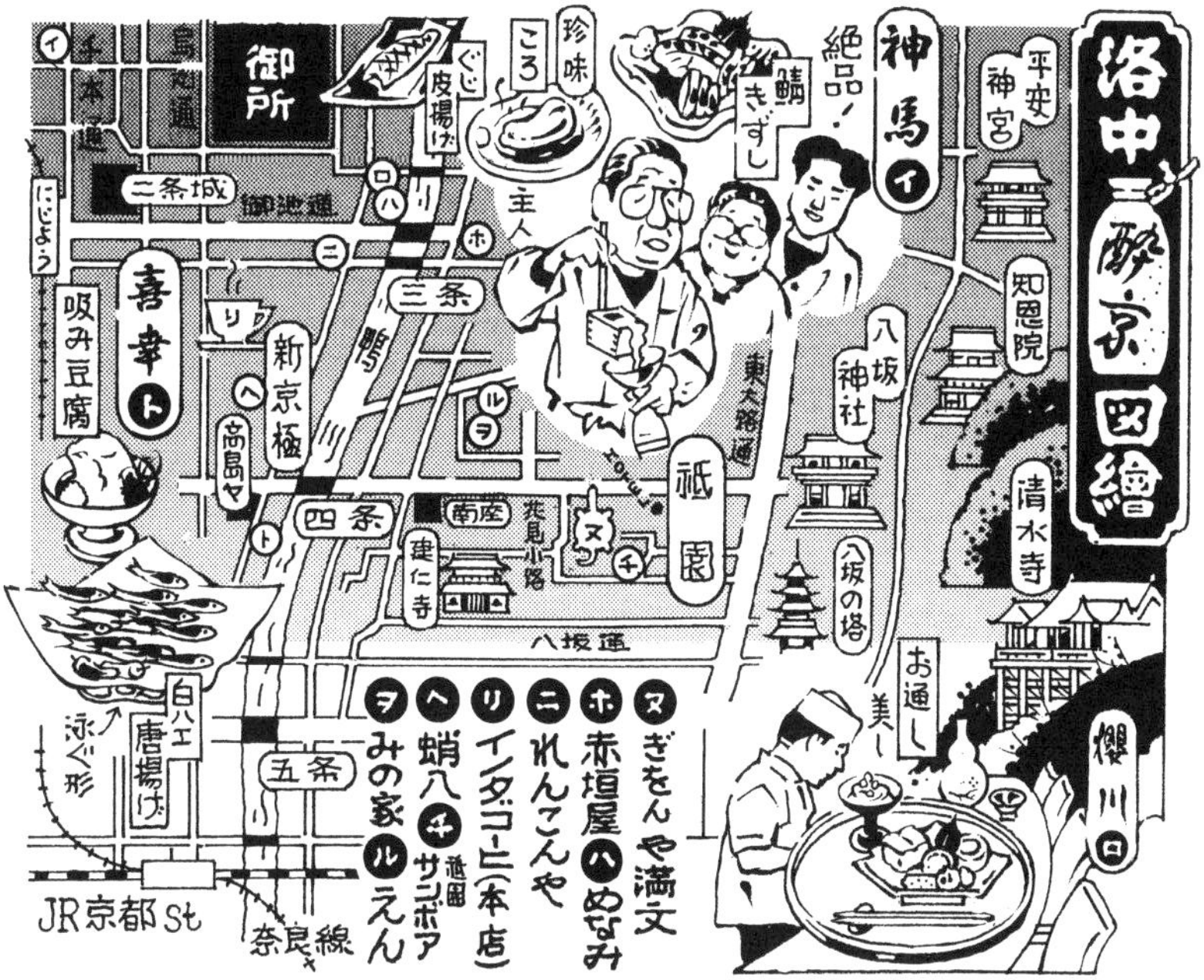

中は広く、コの字にカウンターが回り、石貼り腰壁、真っ黒な巨大招き猫、恵比寿様。なにもかも古くきれいに磨かれ、まさにいぶし銀の味わいだ。

「燗酒一本、いや二本」

「へい、おおきに」

外は底冷えし、みな燗酒だ。白衣の主人は甕《かめ》から柄つきの一合枡で酒を汲み、じょうごで徳利に入れ銅の燗付器に沈めた。七種ほどの銘柄をブレンドしたという甕酒は、大変やわらかく、じつにうまい。

弥次注文の、ふわふわとてもおいしいおでんのコロ（鯨脂）は今や一キロ二万五千円もするという。

「もう高うて商売ならんのですが、これが入らんと、うちのおでんの味にならしまへんのや」

古い常連になんやと言われるのがこわいそうだ。

夕霧楼のあるころ、粋な客は気に入りの遊女を連れてここに来た。西陣織や映画・太秦《うずまさ》撮影所の忙しい昭和三十年ごろはそれは繁盛し、一日八百本、八斗の酒が出たという。十二穴もの巨大燗付器はその名残りだろう。ふっくら温顔のご主人の姉さんの昔話が興味深い。

「でも、やはり母ですよ」と言って、主人もうなずいた。

先年九十六歳で亡くなった母が元気に店を仕切っていた頃、飲んだ酒が一合入っていないとやくざ者が因縁をつけた。母は黙ってもう一杯出してから、「あんた量《はか》ったんか」とにらみ返した。チンピラが演芸の切符を売りつけに来たので十枚買い、金を渡したあと「見に行かんから、これはあんたにやる」と返し、以後チンピラは頭が上がらなくなった。威張る新任警察署長を無視して客の溜飲を下げ、一方金のなさそうな学生には、大まけにまけてやったという。その分け隔てない気っぷは一目も二目も置かれていたそうだ。

「うーん、オレはここが気に入った」

京都の人は冷たいというのは嘘ですねと阿部屋が感激している。どうぞひとつ、若主人が持ってきたのは甘鯛の皮を揚げたものでこれまた珍味だ。息子さんは地元京都の料亭で十年の修業を終え、昨年から板場を仕切っている。力をつけて息子が帰り、古い店も徹底的に掃除し、料理も増えてと主人、姉さんのいかにもうれしそうな顔が気持ちよい。

「結婚してすぐ子供できたんが、双子でしょ、もう働くしかないですわ」

京都

笑う若主人の顔はまさに好漢！　京の古く温かい居酒屋に我々の尻は張り付いた。
およそ二時間もいて三条大橋に戻った。鴨川に沿う高瀬川三条小橋近くのあたりは小粋な店が多い。その一軒、白暖簾の「めなみ」は京都らしい気軽な板前割烹だ。平目の昆布〆にはウニとコノワタをあえたソースがかかり鼈甲卵（黄身の味噌漬）とウドがあしらわれ、はまぐり酒蒸し、菜の花辛子あえ、鰯生姜煮とみなおいしく燗酒がすすむ。「京都はいいねえ」しみじみともらす弥次の独りごとに実感がこもる。

めなみを出て夜の高瀬川沿いを歩いた。おばんざいの店「れんこんや」は、そのまま幕末勤王の志士が酒を飲む撮影に使えそうだ。三和土《たたき》に据えられた代赭《たいしゃ》色のへっついに大きな茶釜が嵌《は》まり、田舎風といえどもどこか趣がある。よしず小上がりの小さな机でずいき煮と鶏肝煮でしばらく飲み、さらに歩いて新京極蛸薬師の小さな割烹居酒屋「蛸八」に入った。

葱を味噌で和えた関東の「ぬた」を京都では「てっぱい」と言い、この蛸八では「鉄砲」と言う。京都の九条葱を包丁でしごくとぱちぱちと音がするので、こう呼ぶのではないかと主人が話した。

あちこち気ままな飲み歩きを楽しみ、京都繁華街の中心、四条河原町に出た。賑やかに人がゆきかう。東京銀座あたりの夜のビジネス街風ではなく、観光都市ののどかさに気持ちがはずみ、浮世離れする。

「弥次さんや、店はいくらでもあるのう」

「亀山あたりとは大違いじゃ」

先斗町をのぞき、四条大橋を越え、役者絵の上がる南座前を通り、花見小路に折れ、お茶屋町のバー「祇園サンボア」に入った。

「おこしやす」

マスターの迎えの言葉に心なごみ席に着く。

「サンボアとはどういう意味ですか？」

「へえ、それは……」

大正七年大阪に始まったサンボアは、谷崎潤一郎のヒントで、店主が好きだった北原白秋の主宰誌『朱欒』（ザンボア、ポルトガル語で柑橘の意）から店名にしたが、看板屋が「ＺＡＭＢＯＡ」のＺを裏返しに付けてしまい、そのまま「ＳＡＭＢＯＡ」で通すことにした。京都は大正十四年、新京極蛸薬師の「京都サンボア」が最初で今その前を歩いて来た。今大阪に七店、京都に三店あり、上方のバーの名門となっている。

「ジントニック」

「おいらマルガリータ」

「んーと、サイドカーね」

「へい、おおきに」

「いいすねぇ、京都」阿部屋が目をつむり頭を振った。

京都

翌朝、堺町三条イノダコーヒ本店の朝は早く、九時にはもう大勢客が来ている。常連は右の大きな丸テーブルだ。高い吹き抜けに二階もある広々とした店内に、羽織袴の歌舞伎役者らしきとベテラン大部屋女優風の二人が、何か打ちあわせながらコーヒーを飲んでいるのが京都らしい。レギュラーコーヒー「アラビアの真珠」は、酸味がきいて大変おいしい。

泉水を配した西洋風中庭にハラリホロリと雪が舞い始め、咲き初めた紅梅一輪が映える。

「みやびじゃのう」

「今日一日、どうすごそうかのう」

のんきなことだ。長旅は終わったのだ。散歩がてら昼飯にすべいとやって来たのは高瀬川の上流、木屋町二条。石畳の美しい落ちついた通りだ。

高瀬川は京阪の水運用に角倉了《すみのくらりょう》以《い》が開いた疎水だ。川向こうにそのレリーフがあり、他に桂小五郎、佐久間象山、大村益次郎など、このあたりは幕末志士の碑だらけだ。流れに面した、今京都で評判ときく板前割烹「櫻川《さくらがわ》」に入った。

ゆるやかにカーブを描く清潔な白木のカウンターに座った。糊のきいた白衣白帽の料理人三人が黙々と働く。昼のコース五千円を頼み燗酒に。もう昼酒もあたり前、旅の上がりを遊ぶだけ遊ぼう。

赤貝てっぱいに、公魚《わかさぎ》・蕗《ふき》の薹《とう》の天ぷら、細魚《さより》の木の芽すし、カラスミ粉を振った半熟卵、飯蛸煮の口取りの一皿が目にも鮮やかだ。

「これは上品なものどすな」

「ほんに、あのそのかしこ」

つい囁き声も小さくなる。平目の軽い昆布〆に続いた、グヂの蕪《かぶら》蒸し椀のすばらしさに、弥次は聞こえぬように「おかわり」とつぶやく。鱒の味噌漬ほうれん草バターソテー添え、帆立しんじょ・東寺湯葉の炊物、埋み豆腐の雑炊でご飯となり、バニラシャーベットでおしまいとなった。さすがは一流の京料理だった。

京都に来た気がした昼飯を終え、宿に戻ると阿部屋にファックスが届いていた。

「お、これは吉報、吉報」

なんと版元の番頭が道中記の完結をねぎらいに、急きょ入洛。今夜祇園のお茶屋に招くというのだ。

「茶屋遊びだ、舞妓だ！」

「風呂浴びなきゃ」

「新しいふんどし買ってくる」

「おいらは、オ、オーデコロン」

夕方、湯を浴び、念入りに髭もあたり、新《さら》のふんどしを締め、慣れないオーデコロンを振って、ぼおっと上気した三人のところに版元番頭山田屋がやってきた。

「長の旅、たいへん御苦労様で、ん？」

オーデコロンに鼻をひくひくさせる。

「いざ、参ろう」

「いやいや、お茶屋はそんなに早く行くものじゃありませんよ」

気負いこみ、つい侍言葉になった喜多八を山田屋が笑う。

茶屋は九時。それまで一杯やり度胸をつけようと、木屋町の「湯とうふ　喜幸」の暖簾をくぐった。

お通しの、出来たて青大豆汲み豆腐がうまい。天保から七代続く隣の豆腐屋「近喜」のものだ。高下駄に白衣の主人の立つ脇のガラス水槽に、銀色の小魚が向こう側が見えないほどみっしり群れをなしている。

「この魚は何ですか？」

「白ハエですねん、関東はオイカワ言いますなあ」

なんと今朝、主人が鴨川で漁をしたものという。冬はハエ、夏は鮎。京都市内を流れる川で毎日漁ができるというのに驚く。店の漁網の飾りは伊達ではない。

その五センチほどのハエの空揚げは、前びれがパッと開いた形で揚がり、奉書の上に同じ方向を向いて立ち並ぶ。清流を泳ぐ姿そのままの見事な盛り込みは、口に入れるのがもったいないくらいだが、小苦い味は酒になかなかいい。「こーらうまいわ、久々に川魚食った感じやな」と向こうの客もほめる。

「山田家の、お茶屋ではどうしてればいいんかの？」

「あ、何もしなくていいんですよ」

接客のプロ中のプロだから用意不要というが、その前に飲み過ぎては元も子もなく加減が難しい。九時にはまだ早くもう一軒、川端通りの「赤垣屋」に入った。

古く大きな町家の赤垣屋は、お茶屋のように洗練されず庶民的なままなのがいい。ゆったり高い天井、すすけた柱、割竹の壁、裸電球が古色蒼然と奥に続き中庭を囲む座敷となる。長いカウンターの角はおでん舟が座る燗付け場だ。地酒「名誉冠」の燗がうまい。

「いい雰囲気ですねえ」

京都の居酒屋とはこういうものかと山田屋が感心しきりだ。お茶屋は知っていてもここは初めてらしい。同じくすっかり気に入った阿部屋も、おでんだ、蛸煮だとピッチが上がり燗酒もう一本を繰り返す。お茶屋で腰抜かしても知らんぞ。

さて時間となり、山田屋の後についてやって来たのは祇園甲部の老舗茶屋「みの家」。いよいよだぞ。

とあるさりげない構えの町家玄関を開けると、飾り気ない式台に渋い着物の姐さんが一人、小腰をおとし「おこしやす」と短い挨拶で我々を上げ、すぐに近くの小間に招き入れた。見事な庭でも見ながら長い廊下を先導され、明るい大広間に座布団、脇息《きょうそく》、座椅子、膳が並び座敷女中がずらりと三つ指ついて待っている、のかと思っていたが拍子抜けするほどあっけなく、まるで十年の知己の家に来たかのような迎えだ。

なるほどこういうことなんだ。お客様然と馬鹿丁寧に出迎えるのでなく、面倒な挨拶ぬき、気の許せるお馴染さんとして扱う。紹介あっての一見《いちげん》さんだから、すでに信用があるものとしているのだ。気がつくともう掘りごたつに足を入れていた。

「ようおこしやす、かおる、申します」

お茶が出て、渋い鉄錆お召し物のさきほどの姐さんがあらためて挨拶し、「おビールどすか、それともお酒しまひょか」とすすめる。何か気のきいたことでも言ったほうが良いのかという心配はみるまに消えた。

二間続きのこちらは舟天井京間の六畳だ。床の間には備前の壺に白寒椿。軸は梅。小窓は蓑傘の透かし彫りと大変趣味が良い。家は古く、新築高級旅館の和室なぞとは格が違う。掘りごたつで飲むとは意外だが夏も同じだそうで親しげなムードが高まる。こたつ布団のピンクの梅柄が色っぽい。

お茶屋は、もちろん御要望とあらば二階で芸者幇間《ほうかん》歌舞音曲入りの大宴会もするが、一番粋なのは「よう」とやって来て玄関脇の茶の間のこたつに「何にもいらないよ」と入り込み、舞妓や芸妓の出入りなぞ眺め、「あらあ、ひいさんやおへん」「おう、どうしてる」などと軽口かわし、遊冶郎《ゆうやろう》よろしく酒でも飲むことなのだそうで、これは常連しかできない。

今日は、座敷の宴会よりも小間で気楽に飲もうという山田屋の要望に応えたものだ。これは嬉しい。それならと弥次喜多はそろいの道中袢纏《ばんてん》をとりだして羽織り、見得を切った。

「東海道五十三次、飲み歩きぃ、てか」

「あらぁ、ようおすなあ、にあうにあう」

たちまち手をたたき喜んでくれる。

「えろう、おまちどうさんどしたなぁ」

おお、舞妓のご入来だ。付き添うように芸妓もいる。

「豆美《よし》どすぅ、よろしゅうおたのもうします」

舞妓はんは、鶴の舞う紫の着物に金糸織込みの緑のだらりの帯と思い切って派手だ。桃割れ髪に松竹梅の花かんざしが揺れ、白塗りの顔が目の前にある。

見交わす目と目。「えへへ」照れたように豆よしちゃんが笑い一気に相好が崩れた。舞妓豆よし十八歳。「豆」は「まめに」稽古ができるようにの願い。「豆系」舞妓は多いそうで、八坂神社にその提灯がいくつもあった。酒がすすむうちにバカ言う余裕も出てきた。

「明日は豆まき、豆にー、豆」

「あてに放らんといておくれやす」

「豆も十八、番茶も出ばな、ってね」

「それどういう意味どすかぁ」

白塗りの顔もよく見れば十八歳の初々しさ、弥次喜多の頬はゆるみっ放しだ。

「でへへ」

向こうにもゆるんでるのがいる。阿部屋だ。

「いいっすね、この帯」

「いややわあ、ええもんやおへん」

「一杯、注いでもいいのかな」

「おくれやす」

芸妓その名も江梨子さんは、小菊をあしらった銀鼠着物に金銀の帯、藤村志保と鈴木京香をあわせたような涼しげな色気のすごい京美人だ。洒脱な薫さん、色気あふれる江梨子さん、初々しい豆よしちゃんとそろい、座は一気に華やかになった。

さあてそれからどうしたか。弥次は色紙に得意の猫を描き、家宝どすと持ち上げられ、喜多は自分の戯作本にサインをねだられ目尻を下げる。これもちろん山田屋が客の人となりを伝えておいたからだが、ちゃんと本を一章でも読み、色紙を用意しておくところがえらい。江梨子さんは左づまの説明に立ち上がり、着物の前を少し割ってつまをとり、ちらりと見えた薄ピンクの肌襦袢が悩ましい。悩殺だ。皿小鉢の並ぶ大げさな宴会ではなく、彩り鮮やかな京野菜握り寿司と、罪のない馬鹿話で飲む酒は、あれこれ食べて騒ぐよりもはるかにうちとけ、くつろいだ楽しさだ。うーん、さすがは京都祇園――。

二、三時間も夢のうち。「さあ、外で飲もう」と山田屋が声をかけ、江梨子さん、豆よしちゃんを連れて祇園の町に出た。道行く人が「あ、舞妓さんだ」と我々一行をうらやましげに見る。夜の町を舞妓連れで歩くのは最高の旦那遊びだ。「オホン、どうだ」。昨日一力茶屋の前で、ハイヤーの舞妓を遠巻きに見ていたお上り弥次喜多が今日はこの通り。豆よしの緑のだらりの帯がゆれ、からころと足音が響く。

「いいねえ、ぽっくりの音」

「そうどすかあ」

これ見よがしに話しかけ、ギャラリー（?）に見せつける。阿部屋はショールを肩に巻いた江梨子さんを放さない構えだ。ずるいぞ、このー。

しばらく歩き、石畳小路奥「クラブ　えん」の小さな秘密めかした暖簾を分けた。玄関脇はコの字の小さなカウンターの間だ。和とも洋ともつかぬ造りは明るく、粋で華やかな雰囲気にあふれている。

「おおきに、おこしやす」

渋紫着物のいかにも座敷慣れした洒脱な主人は常磐津一三太夫、袢纏《はんてん》に入る文字〈陰間諜人〉は、これが通人の遊ぶという陰間茶屋か。

「おばんどす、あーらいい男がいっぱい、江梨子姐さん心変わりしたわね！」

長襦袢風着物を遊び人よろしくぞろりと着て、髪を三角座布団のように結い上げた、背の高い若いゲイボーイ君がお姐言葉でしゃなりと登場し、いきなりおいらを情熱を込めた目でじーっと見つめる。

「ひかり、どすぅ。よ・ろ・し・く」

「き、喜多八どすぅ」

猫のようにひねった手首に顎をのせ盛大にウインクされ、おいらはたじたじと答え一同爆笑、ビールで盛大に乾杯した。豆よしちゃんは行儀良く、手は膝だ。
一、私達は常に美しく優しく親切にいたしましょう。
一、私達は園の伝統を誇りとし……
見せてもらった舞妓手帖の「舞妓　五つの誓い」がおもしろい。氷を盛った伊万里の鉢、こんなに薄いガラスがあるものかと思う盃など、酒器小鉢はみな豪華なものばかりだ。

「おこしやす、こんな江梨子を、ごひいきに」

「なにゆうてん、昔うちに付け文したのだれやん」

「あれは礼儀や」

かわって現れたのは茶の着物にたすき掛けの男チーママ、毒舌のぼんちゃん。江梨子さんと小学校の同級生とはさすが祇園だ。御酒がまわり桜色の肌になった江梨子さんは凄艶に美しく、伸びる二の腕がまぶしいが、隣にべったり阿部屋が張り付いて放さない。コラ、少し遠慮して席かわれ！

奥の座敷も賑やかに舞妓、芸妓が入れ替わり立ち替わり「こんばんわぁ」と現れ、そのたびに互いにみやびな京言葉で挨拶を交わして何とも華やかだ。しかしそのどなたよりもわが江梨子、豆よしは格段の美人で、おいらは、おおいにおおいに満足だ。ここが京都の奥の奥か。極楽だ、天国だ。

「ようし」立ち上がった弥次が、道中あちこちで吹き鳴らしたハーモニカを取りだし、ひゅるると音を滑らすと「あらあ」と拍手がわいた。

♪ターラララ、ラー
お馴染『男はつらいよ』車寅次郎のテーマに「関東の歌どすなあ」と江梨子さんがつぶやく。確かに耳慣れたメロディーもここで聞くと遠い国の歌にきこえる。

終わってやんやの拍手、何事かと奥の間からも舞妓がのぞき、弥次は照れつつも嬉しそうだ。

「ほならわたしも……」

江梨子さんが一瞬気を引きしめ、喉をひらいた。

〽月はおぼろに東山
霞む夜毎のかがり火に
夢もいざよう紅桜
しのぶ思いを振袖に
祇園恋しや　だらりの帯よ

「祇園小唄」はここ祇園の歌だ。きたえられたのびやかな江梨子さんの声に豆よしも唱和し、常磐津一三太夫が三味線をつけ、ひかりの君、毒舌ぼんちゃんも小さく声を添える。ふざけ笑いしていた一同もこの時ばかりは神妙になり、この歌にこめる想いと誇りをかみしめているようだ。

「いいなあ、京都」おいらの目からひとすじの涙が流れた。


「ヘークッション」

あまりの寒さに目が覚めた。ここはどこだ。どこかの寺の山門に弥次喜多の二人は寝ていた。よく風邪をひかなかったものだ。山田屋、阿部屋の姿は見えない。

「ゆんべあれからどうしたっけ」

「たしか、茶屋に行ったような」

寒いし缶コーヒーでも飲もうと胴巻を広げると一文無し。小さな豆千社札がはらりと舞い落ちた。

〈祇をん　豆美〉

〈祇をん　江梨子〉

――あれはうつつか、まぼろしか。

「弥次さんや、江戸に帰るべえ」

「そうすべえ」

それからしばらく、ハーモニカで祇園小唄を吹きながら東海道を東へ下る、物ごい二人連れがいたという。

――平成東海道五十三次、一巻の終。

チョーン

京都

赤垣屋
左京区川端二条下ル
営業17時〜23時　日曜休
電話075（771）3602

神馬
上京区千本通中立売上ル
営業16時30分〜22時　日曜休
電話075（461）3635

喜幸
下京区西木屋町通四条下ル船頭町
営業17時〜21時LO　毎週月火休
電話075（351）7856

めなみ
中京区木屋町通り三条上ル
営業17時〜23時　日曜休
電話075（231）1095

本書は「文芸ポスト」２０００年夏号から２００３年春号まで掲載された同名作品に加筆・訂正を加えたものです。

JASRAC 出 0312109-301

東海道居酒屋膝栗毛

2003年11月20日　初版第一刷発行

著　者——太田和彦　画——村松　誠

発行者——竹内明彦

発行所——株式会社　小学館

〒101-8001　東京都千代田区一ツ橋2・3・1

電話　編集　03・3230・5633

制作　03・3230・5333

販売　03・5281・3555

振替　00180・1・200

印刷所——凸版印刷株式会社

DTP——株式会社吉野工房

製本所——牧製本印刷株式会社

■Ⓡ〈日本複写権センター委託出版物〉本書の全部または一部を無断で複写（コピー）することは、著作権法上での例外を除き、禁じられています。本書からの複写を希望される場合は、日本複写権センター（☎03・3401・2382）にご連絡ください。

■造本にはじゅうぶん注意しておりますが、万一、落丁乱丁などの不良品がありましたら、「制作局」あてにお送りください。送料小社負担にておとりかえいたします。

© KAZUHIKO OTA　MAKOTO MURAMATSU　2003

ISBN 4-09-379178-3　Printed in Japan

小学館

太田和彦の本

完本・居酒屋大全

「酒の飲み方で判る男のタイプ」「入らなくても判る名店鑑別法」「血液型で判る酒の飲み方」など、酒飲みと居酒屋の森羅万象を徹底的に追求した、お役立ち満点の居酒屋ファン必携の一冊。

小学館文庫

居酒屋かもめ唄

人の情けと唄に酔う――全国各地に実在する居酒屋の名店を訪ね歩き、その店で味わい見聞きした美酒、酒肴、唄、そして地元の人々との触れ合いをもとに描きあげた、会心の居酒屋紀行。

四六判・280頁

定期購読のおすすめ

ミステリー、冒険、恋愛、
時代、ノンフィクション、エッセー、コラム
春夏秋冬・読み応えと、面白さ満載でお届けする
総合読み物雑誌

文芸ポスト

週刊ポスト別冊

年間定期購読ご案内

『文芸ポスト』はお近くの書店でお求めいただけます。
毎号確実に入手していただくために書店に定期購読をお申し込みください。
なお書店での購読が困難な方は、
小学館パブリッシングサービス(☎03-5281-1624)までご連絡ください。
折り返し振替用紙をお送りいたします。バックナンバーも承っております。
『文芸ポスト』の年間購読はインターネットでもお申し込みいただけます。
小学館ホームページ「MAGAZINES」(雑誌)のコーナーに
「定期購読の申し込み」コーナーがあります。
くわしくはホームページにアクセスを!

URL　http://www.shogakukan.co.jp

小学館

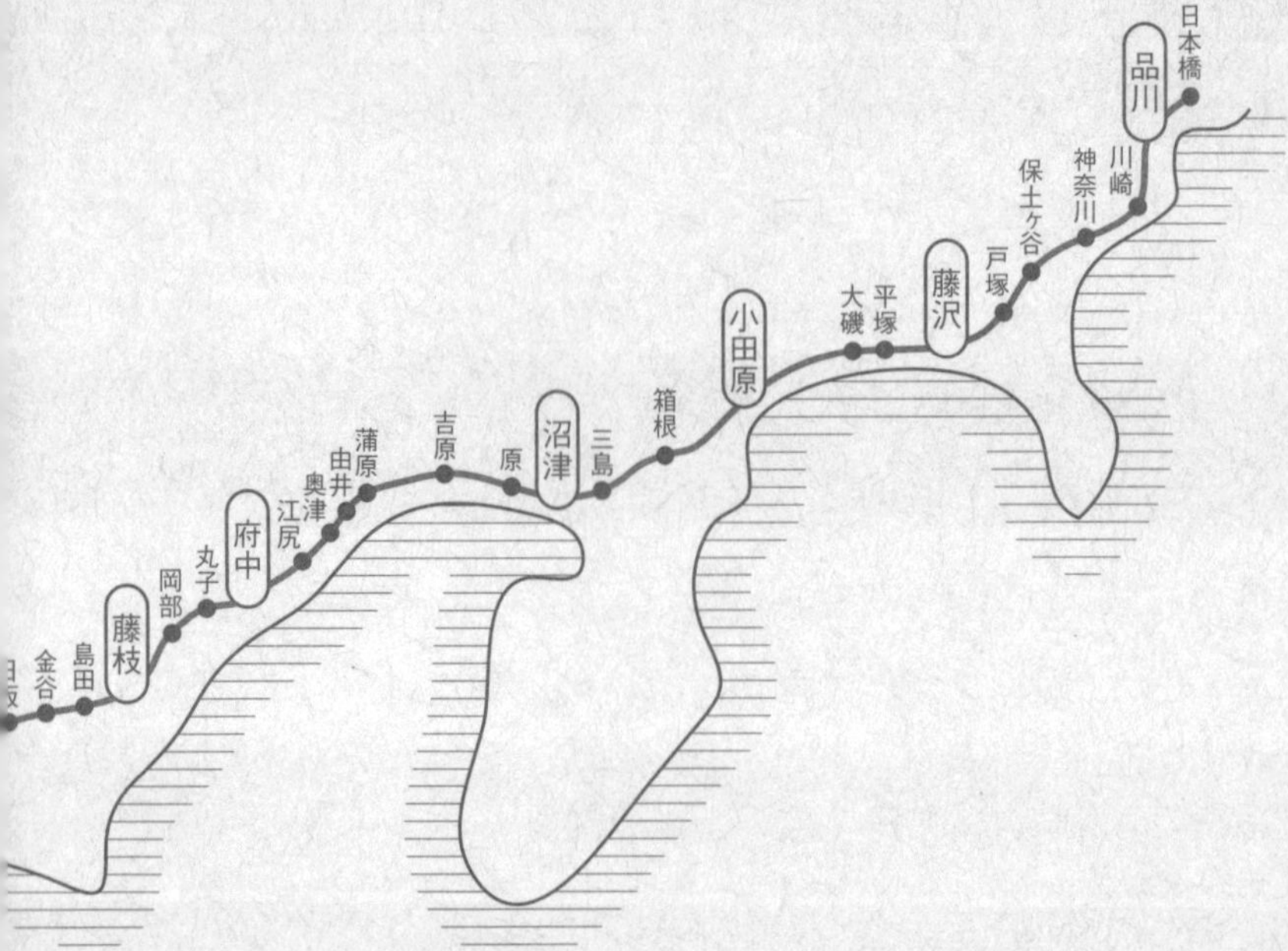
日本橋
品川
川崎
神奈川
保土ヶ谷
戸塚
藤沢
平塚
大磯
小田原
箱根
三島
沼津
原
吉原
蒲原
由井
奥津
江尻
府中
丸子
岡部
藤枝
島田
金谷

版元
阿部屋
剛三郎